사랑합니다

*이 책은 경기도 양주시에 위치한 ㈜한만두식품의 실화를 바탕으로 재구성되었습니다.

목차

프롤로그
미국 애틀랜타로　　8

1부
사랑은 의미를 찾는 것이다

이룰 수 없을 것 같은 꿈　　18
"사랑합니다."로 시작된 섬김의 핵심 습관　　24
인재미팅의 시작　　37
내 마음속 영혼의 집　　44
오후 네 시의 기적　　51
문화 캘린더 찬양대회　　58
오! 해피데이! 사랑이 빚어낸 행복한 만두　　64
PRACTICE　01　　72

2부
사랑은 함께 성장하는 것이다

전교 1등보다 좋은 나만의 1등　　76
만두 반죽을 빚던 손으로 책장을 넘기다　　90

사랑의 여전사들과의 점심식사　　　97
박대리와의 데이트　　103
따뜻한 집에서 살고 싶은 사람들　　　110
끝나지 않는 기쁨　　116
PRACTICE　02　　121

3부

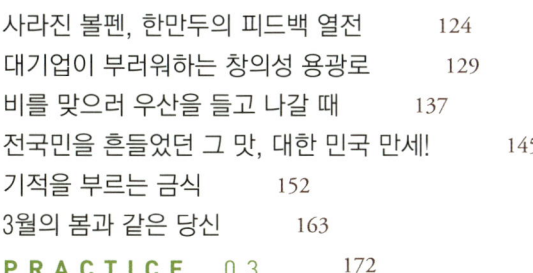
사랑은
열매를 나누는
것이다

사라진 볼펜, 한만두의 피드백 열전　　　124
대기업이 부러워하는 창의성 용광로　　　129
비를 맞으러 우산을 들고 나갈 때　　　137
전국민을 흔들었던 그 맛, 대한 민국 만세!　　　145
기적을 부르는 금식　　152
3월의 봄과 같은 당신　　163
PRACTICE　03　　172

저자 후기　　174
한만두의 사랑경영 History　　180

프롤로그

미국 애틀랜타로

인천 공항에는 오전내내 부슬비가 내렸다. 덕분에 한껏 흐린 하늘은 지금이 낮인지 저녁인지 분간할 수 없을 정도로 회색 풍경이다. 광활한 활주로를 미끄러지듯 달리던 비행기는 이내 하늘로 힘차게 날아 올랐다. 비행기는 대기권 밖으로 이륙하려고 안간힘을 썼다. 기체는 간간히 흔들렸고 승무원들은 승객들의 안전벨트를 몇 번이고 확인 시켰다. 기내에는 긴장감이 맴돌았지만 용희는 아랑곳하지 않고 창문에 찰싹 달라 붙어서 연신 감탄했다.

"우와! 이렇게 무거운 비행기가 하늘을 날다니!"

용희는 휴대폰을 꺼내어 비행기 날개 아래 점점 작아지는 도시의 모습을 사진에 담았다. 촬영 버튼을 수도 없이 누르다가 이내 구름 위로 올라오게 되자 펼쳐진 장관에 순간적으로 말을 잃었다. 용희는 옆자리에 앉은 루디아에게 몸을 돌렸다. 눈을 감고 있던 루디아는 용희가 가리키는 비행기 창 밖으로 시선을 돌렸다.

"사장님, 이것 보세요. 파란 하늘에 하얀 구름, 눈부신 햇빛이요."

루디아는 용희와 함께 창밖을 보며 생각했다.

'아! 우리가 비록 땅에서 바라보는 하늘이 어둡고 흐린 모습이라도 먹구름 너머에는 이렇게 변하지 않는 태양이 빛나고 있구나. 단지 그걸 우리가 볼 수 없을 뿐, 언제나 태양은 그곳에 여전히 빛나고 있구나.'

용희는 루디아를 바라보며 말했다.

"사장님, 처음 사장님과 인재미팅을 할 때 그러셨죠. 기적은 생각보다 자주 일어나는 거라고 말이에요. 처음 입사했을때는 일년동안 매출이 5억도 안되는 회사였는데 다음해에 10억, 20억, 35억, 45억, 75억, 135억. 진짜 기적은 생각보다 자주 일어날 수 있나봐요!"

루디아는 마디 하나가 사라진 자신의 손을 부드럽게 매만지며 흐뭇한 미소를 지었다.

"조대리님, 올해 입사한지 딱 10년 되었군요. 10년전에는 이렇게 미국까지 가서 피아노 연주를 하게 될 줄 알았어요?"

용희는 빙그레 웃었다. 작고 또렷한 입술 사이로 가지런한 치아가 하얗게 드러났다. 풍성하고 긴 머리카락이 용희의 어깨에서 가만히 흘러내렸다. 용희는 가느다란 손가락으로 루디아의 손을 살포시 잡으며 말했다.

"꿈도 못 꾸었죠. 본적이 없으니 꿈에도 나오지 않았을테니까요. 지금 날아오른 이 비행기가 마치 우리 회사 같아요. 이륙하는데 힘들긴 했지만 평온하고 고요한 파란 하늘을 나는 것처럼요."

　루디아는 경기도 양주시에 있는 만두 회사의 경영자다. 그녀는 미국 애틀랜타에 있는 한인 실업인 연합회 강사로 초청을 받았다. 루디아는 강의를 흔쾌히 수락하는 대신 축하 공연으로 조용희 대리의 피아노 독주 연주를 순서에 넣어줄 것을 부탁했다. 올해 서른살이 된 용희가 고향을 떠나 이른바 '탈북민'이 되던 해, 겨우 열두 살이었다. 고향을 떠나는 과정에서 어머니를 잃었고 한국에 들어온 후 몇 년이 지나 스무살이 되던 해에 아버지마저 건강이 악화되어 돌아가시고 말았다. 네 살 어린 남동생을 홀로 돌봐야 할 일이 막막하기만 했다.

　용희의 어머니는 독실한 크리스천이었다. 그녀는 삼엄한 경계에도 불구하고 예배를 드리며 성경을 읽었다. 잠들기 전 어머니는 용희의 이마에 흘러내려온 머리카락을 가지런히 쓸어주며 귓가에 예수님의 이야기를 들려주곤 했다. 쉽게 알아듣기 힘든 이야기들이었지만 그저 이렇게 어머니의 목소리를 듣는 게 좋았다. 어머니의 품에서는 향긋한 꽃향기가 나는 듯했다. 그날 밤도 여느때와 같이 어머니의 따뜻한 체온 속에서 잠이 든 것 같았는데 아버지가 용희를 깨웠다.

　"용희야! 용희야! 어서 일어나."

깊은 새벽, 아버지의 다급한 목소리가 용희를 거칠게 흔들었다. 잠이 쉽게 깨지 않는 듯 두 눈을 한껏 지푸린 용희는 아버지의 손에 이끌려 소지품도 챙기지 못한 채 도망치듯이 집을 나왔다. 용희가 눈을 비비며 물었다.

"아버지, 무슨 일이에요? 어디로 가는 거예요?"

용희는 아버지에게 손목을 붙들린채 뛰었다. 하지만 아버지는 대답이 없었다. 그저 두려움으로 가득 찬 눈빛으로 용희를 바라볼 뿐이었다. 아버지의 속도를 따라오지 못하는 어린 동생을 한쪽 팔로 안고 달리기 시작했다.

"그런데 어머니는 어디 있어요?"

용희는 그제야 어머니가 없다는 것을 알아채고 물었다. 여전히 아버지는 말이 없었다. 용희는 손목을 힘껏 비틀어 아버지의 손을 뿌리치고 걸음을 멈췄다. 다시 아버지의 두꺼운 손이 용희의 손목을 잡고 말했다.

"용희야, 지금 설명할 시간이 없다."

용희는 힘껏 아버지의 손을 다시 뿌리쳤다.

"어머니는 어디 있어요! 어머니는요!"

남동생도 '으앙'하고 울음을 터트렸다. 아버지는 무릎을 꿇고 앉아 용

희를 껴안으며 말했다.

"어머니, 꼭 다시 만날 거야. 어머니가 먼저 가 있겠다고 했어. 그러니 우리 어서 어머니를 만나러 가자. 응?"

아버지의 커다란 눈은 빨갛게 충혈되어 있었다. 용희는 아버지의 얼굴을 본 순간, 아버지의 대답과는 반대로 어머니를 다시는 만날 수 없으리라는 것을 직감했다. 그래도 애써 고개를 끄덕이며 힘차게 달렸다. 그리고 또 달렸다.

한국에 들어왔을 때는 이미 고등학교에 들어가야 할 나이였지만 용희는 검정고시를 선택했다. 공부와 일을 병행하기 위해서였다.

여러 나라를 거쳐오는 동안 용희의 가족은 점점 지쳐갔다. 착하기만 했던 동생 용구의 눈에는 세상에 대한 증오심이 어리기 시작했다. 동생을 붙잡으려고 하면 할수록 튕겨나갔다. 유일하게 의지했던 아버지마저 떠나자 진짜 외톨이가 되었다. 비행기 안에서 창밖을 바라보던 용희는 그때 루디아가 경영하는 '한만두 식품'이라는 회사를 만나지 못했더라면 어떤 오늘을 살고 있을까? 하는 생각이 들었다.

용구는 자신이 겪은 탈북민의 애환을 사람들에게 알리는 작가가 되겠다는 새로운 꿈을 갖게 되었다. 용희는 옆자리에 앉은 루디아에게 말했다.

"용구가 사장님께 감사하다는 말을 전해달라고 했어요. 언젠가는 사장님의 이야기를 책으로 쓰겠다고 잔뜩 벼르고 있던걸요?"

"오, 반가운 일이네요. 그럼 이 책을 선물로 줄게요. 저는 다 읽었으니 조대리님도 읽으시고 용구에게도 전해주세요."

루디아는 부드럽게 웃으며 미우라 아야꼬가 지은 〈길은 여기에〉를 건넸다. 한 번 읽기 시작하자 전후 일본의 애환과 솔직하고 담백한 문체가 매력적인 탓에 책을 덮을 수가 없었다. 마지막 장을 넘기며 용희의 눈가에는 눈물이 맺혔다. 가슴 벅찬 약혼식 장면이었다. 용희는 자신의 손가락에 끼워진 반지를 매만지며 방금 읽었던 장면을 다시 읽어보았다.

참으로 이상한 날씨였다.

….

그러다 나는 문득 하늘을 쳐다보고 깜짝 놀랐다.

얼마나 이상한 일인가.

하늘은 바람과 눈과 비와 싸락눈이 뒤엉킨 혼란한 날씨이건만,

태양은 넓은 구름 사이로 찬연하게 빛나고 있는 것이다.

나는 니시무라 선생의 말씀이 생각났다.

"구름 위에는 언제나 태양이 빛나고 있는 겁니다."

1부

사랑은
의미를 찾는
것이다

이룰 수 없을 것 같은 꿈

-쨍그랑!

하온유 팀장 앞에 놓여있던 유리컵이 테이블에서 떨어지며 요란하게 부서졌다. 온유의 새하얀 블라우스에 커피 얼룩이 번졌다. 평소에 침착하기로 유명한 온유지만 크게 당황했다. 회의실에 모여 있던 사람들은 누가 먼저랄것도 없이 물걸레와 화장지등을 가지고 와서 깨진 컵을 치우기 시작했다.

순식간에 다시 정돈된 회의실은 언제 그랬냐는 듯이 다시 숙연해졌다. 루디아는 황신중 이사, 이보람 부장, 하온유 팀장과 함께 주간회의를 위해 사무실에 모여 있던 중 어두운 표정으로 말했다.

"회사가 지금 많이 어려워요. 올해 말까지 버틸 수 있을지도 의문일

정도로요."

삽시간에 침통한 공기가 회의실을 삼켜 버렸다. 침을 삼키는 소리도 크게 들릴만큼 조용한 분위기에서 부서장들은 루디아의 이야기가 이어지기를 가만히 기다렸다.

"여러분도 아실거예요. 양주에서 제일 큰 만두 공장을 지은 태사장님이 얼마전에 자살로 돌아가셨어요. 잊혀질만 하면 다시 터지는 만두 파동을 견디지 못하신 것 같아요. 저도 시련을 여러번 이겨냈지만 이번에는 아무래도 견디기가 어려울 것 같네요. 전국민이 만두를 꺼려하는데 만두 회사를 계속 유지하는 게 제 욕심인 것 같기도 합니다."

"흑…. 흑흑."

루디아의 이야기를 듣고 있던 온유가 눈물을 왈칵 쏟았다. 평소에 명랑한 분위기를 이끌어 가던 보람도 연신 눈물을 닦아냈다. 보람의 화려한 꽃무늬 스커트 위로 눈물이 뚝뚝 떨어졌다. 신중이 흥분하며 말했다.

"그러게 뉴스도 너무했죠. '쓰레기 만두'라니요! 사람들은 자세히 내용을 알아보려고 하기 보다는 타이틀만 듣고 판단을 해버리는데 말이죠! 다른 요리로 쓰던 자투리 단무지를 만두속으로 넣어서 사용했다는 뉴스더군요. 그런데 그 뉴스를 듣는 사람들은 '세상에, 어떻게 쓰레기를 만두에 넣을 수가 있어.' 하면서 만두를 만드는 사람들 전체에 대해서 불신하게 되잖아요. 뉴스가 자신들이 가진 힘이 얼마나 강한지를 잘 모르는 걸까요. 아니면 알면서 그러는 걸까요. 힘에는 책임이 따르는 건데 말이죠!"

신중은 주먹으로 가슴을 치며 분통을 터트렸다. 루디아는 기도하듯이 생각을 빚어 나갔다. 만두 반죽을 할 때처럼 지금의 상황과 우리가 앞으로 해야 할 일들을 한데 모아야 했다.

"그러던 중 마지막 지푸라기라도 잡는 심정으로 지난주에 경영자 교육을 다녀왔어요. 강의는 3일간 주옥 같은 이야기들이었어요. 어떻게 하면 경영을 정직한 방법으로 하면서도 매출이 오르고 고객들도 만족할 수 있는지 배우는 시간이었죠. 그걸 '고객가치'에 기여한다고 하더군요. 고객들에게 최고의 가치를 제공하면 그렇게 경영하는 기업도 덩달아 잘 될 수 밖에 없다는 꿈 같은 이야기였는데 이게 꿈이 아니라 실제로 그렇게 성공하고 있는 기업들이 있더라구요. 멋진 강의들이었지만 제가 3일이라는 시간 내에 모두 배우기에는 어려운 내용도 많았어요. 아예 이해가 잘 안되는 것도 있었죠. 과외라도 받고 싶을 정도로 말이에요. 그런데 문제는 마지막 날 수료식이었어요."

루디아는 앞에 놓인 허브차를 한 모금 마셨다. 입 안에 상쾌한 허브향이 퍼졌다.

"1년 동안 실천할 목표를 공약하지 않으면 집에 안 보내준다는 거예요. 뭐라도 공약을 해야겠는데…. 회사를 더 이상 운영조차 할 수 없는 저로서는 뭘 어떻게 해야 할지 난감했죠. 옆에 앉은 사람들을 보니 저랑 아예 수준이 다른거예요. 다들 규모가 있고 안정된 조직의 리더들이거나 경영자들이었어요. 제 사정을 설명할 수가 없었죠. 그래서 저는 '어차피 두 번 다시 못 만날 사람들이다.'라는 생각으로 용기를 냈어요. 1년 뒤에도 우리 회사가 있을지 없을지 모르는 상황이니 차라리 거대한 꿈을 선포라도 해보자 생각했죠."

루디아는 지난 주 목표 공약 시간을 다시 떠올렸다. 분위기는 열정으로 가득했고 그곳에 모인 경영자들은 새로운 시작에 대한 기대로 들떠 있었다. 루디아의 순서가 다가오자 회중은 루디아의 이름을 연호했다.
"루디아! 루디아!"
루디아는 무대로 나가 담담하게 말했다.
"저는 경기도 양주에서 '한만두식품'을 운영하는 루디아입니다. 제가 사실 이곳에 오기 전까지는 회사를 정리하려고 마음을 먹고 있었던 중이었습니다. 회사를 어떻게 하면 더 잘 정리할 수 있을까 하는 생각을 하던 제가 이곳에서의 3일간 새로운 시작을 해볼 마음을 작게나마 가지게 되었습니다. 그래서 저는 오늘 불가능해보이는 꿈을 여러분 앞에서 선포하려고 합니다. 저는…."
루디아는 목이 메는 듯 잠시 말을 멈췄다. 직원들의 얼굴이 하나씩 스치고 지나갔다.
"백억 매출의 회사로 만들고, 경영을 제일 잘하는 사람이 되겠습니다!"

수료식이 끝난 후 로빈 코치가 루디아에게 악수를 청하며 미소를 지었다. 그는 경영자 교육의 총괄을 맡은 '가인지경영' 대표이사였다. 경영자 교육은 경영자가 해야 할 일을 가치경영, 인재경영, 지식경영으로 정리해서 전수하는 교육이었다. 로빈 코치는 경영자 교육을 통하여 지식을 전수하고 현장에서 가인지경영을 돕는 컨설턴트를 파견하는 경영 컨설팅 회사를 이끌어 가는 경영 컨설턴트이기도 했다.

"루디아 대표님, 파이팅입니다."

"로빈 코치님, 저를 도와주셔야 해요."

루디아는 웃음기 없는 진지한 얼굴로 로빈 코치에게 말했다. 그러자 로빈 코치도 부드러운 미소를 머금은 채 고개를 끄덕였다.

*

부서장들은 귀를 의심했다.

"백…. 백억이요?"

"어차피 우리에겐 몇 년 뒤라는 것이 있을지 없을지 몰라요. 마지막 기회라는 생각으로 한 번만 해보자고요. 배운 대로 한만두만의 가치경영을 해봐요. 직원들이 행복해하는 그런 회사를 한 번 만들어봐요. 우리 10개월 동안 한 달에 한 번씩만 우리 직원들이 행복해할 수 있는 것을 해봅시다.

얼마전, 직원들에게 꿈을 적어서 벽에 붙여보라고 했는데 꿈 목록을 읽어보니 '좋은 일하며 살기'가 있더군요. 지금은 비록 자신의 삶이 어려워서 남을 도울 형편이 아니지만 언젠가는 사랑을 베풀며 살고 싶다는 글을 보고 회사가 그걸 먼저 도와주면 좋겠다는 생각이 들었어요. 직원들의 꿈을 이뤄주는 것부터 시작해 봅시다."

회의가 끝난 후 루디아는 책상 앞에 앉았다. 메일함에 새로운 편지가 와있었다. 로빈의 편지였다.

> 루디아 사장님, 새로운 시작을 응원합니다.
> 한만두 식품을 사랑이 넘치는 기업으로 일구어 가실 발걸음에 큰 복이 넘쳐흐르길 빕니다. 요청하신대로 다음주부터 가인지경영을 바로 옆에서 도울 강철 팀장을 보내 드리겠습니다.
> 한만두의 행복한 파트너가 되어 줄 것입니다.
>
> 로빈코치 드림

 **"사랑의 시작, 선포하는 것!"**

"사랑합니다."로 시작된 섬김의 핵심습관

　한만두 첫 출근날, 차에서 강철 팀장은 가방안에 들어있던 〈피드백 노트〉를 꺼냈다. 펜으로 한만두에 대해서 로빈 코치로부터 전해들은 이야기와 주요 이슈를 꼼꼼히 적어 나갔다. 노트를 덮은 후 강철은 두 손을 모으고 간절히 기도했다.

　"저에게 지혜와 힘을 주십시오. 한만두를 바르게 도울 수 있는 마음과 실력을 주십시오."

　루디아는 경영자 교육 이후, 직원들과 함께 독서 모임을 실천하고 있다. 아침 7시 40분, 루디아는 리더들과 함께 독서모임을 하기 위해 모였다. 사람들의 손에는 켄 블랜차드가 쓴 〈칭찬은 고래도 춤추게 한다〉가 들려 있었다. 루디아는 강철 팀장을 소개하며 말했다.

"여러분, 우리 회사에 귀한 분이 오셨어요. 한만두 식품의 사랑경영을 돕고 파트너가 되어주실 강철 팀장님입니다. 강철 팀장님은 지난번 제가 받고 온 교육에서 배운 '*가인지경영'을 '한만두스럽게' 접목할 수 있도록 도와주실 거에요."

루디아가 소개하자 강철은 자리에서 벌떡 일어났다.

"강철 같은 체력으로 여러분이 필요한 일이라면 무엇이든 돕겠습니다. 여러분을 만나고 보니 한만두스러운 가인지경영은 '사랑경영'인 것 같습니다. 만나서 반갑습니다."

호감을 주는 서글서글한 눈매의 강팀장이 인사하자 부서장들은 박수로 환영했다. 독서모임 진행을 맡은 단발머리의 하온유 팀장은 하얀색 블라우스의 소매를 걷으며 말했다. 평소에 단정하고 차분한 성격의 온유는 특유의 꼼꼼함으로 한만두의 아나운서로 통했다.

"강철 팀장님! 한만두에 오신 것을 환영합니다! 오늘이 벌써 이 책의 마지막 나눔 시간이네요. 바쁜 일정속에서 시간을 쪼개어 책 읽는 게 쉽지는 않으셨겠지만 각자 독서 리포트는 작성해오셨죠?"

"독서 리포트요? 그게 뭐였죠?"

황신중 이사가 머리를 긁적이며 말했다.

"아이 참, 지난 주에 같이 설명 들었잖아요. 책을 그냥 읽고 덮어두면

---

* 가인지경영: 가치경영, 인재경영, 지식경영을 주제로 한 경영방식 이랜드그룹이 대표적이며 (주)가인지 캠퍼스가 본격화했다.

독서리포트

부서	기획부	책이름	칭찬은 고래도 춤추게 한다
성명	하온유	지은이	켄 블랜차드

내용요약

'고래 반응(Whale Done response)'이라 불리는 범고래 훈련법은 성공적인 인간관계를 위한 훈련법과 다르지 않다. '고래 반응'이란 범고래가 쇼를 멋지게 해냈을 때는 즉각적으로 칭찬하고, 실수를 했을 때는 질책하는 대신 관심을 다른 방향으로 유도하며, 중간중간에 계속해서 격려하는 것이 핵심이다. 다른 사람들이 일을 잘하고 있을 때는 무관심하다가 잘못된 일이 생겼을 때만 흥분하고 질책한다. 이 책에서는 그러한 부정적 반응을 '뒤통수치기 반응'이라고 말한다. 사람들이 실수를 저지를 때 뒤통수를 치듯 반응한다는 의미이다. '뒤통수치기 반응'에 둘러싸인 환경에서는 결코 사람들이 최선을 다하지도 않고 열정을 바치지도 않는다.

개인적용	업무적용
1. 나만의 칭찬 십계명 만들어보기 2. 고래반응 하루에 3번씩 가족과 동료에게 실천하고 다이어리에 표시해두기 3. 지금까지 내가 해온 '뒤통수 치기 반응'이 무엇이었는지 생각해보고 10개를 적어보기	1. 업무 지시 후에 결과를 가져왔을 때 고래반응하기 2. 직원들이 부적절한 태도나 업무 결과를 가지고 왔을때 분위기 전환하기 3. 조용히 잘하고 있는 직원들을 찾아가서 칭찬해주기

내용을 금방 잊어버리게 되니까 기록을 해야 한다. 그리고 책의 내용이 나의 삶에 변화를 일으키는 적용점이 되려면 더 구체적인 독서 이후의 생각 정리가 필요하다고요."

활발한 성격의 똑소리나는 이보람 부장이 일침을 가했다. 그러자 루디아가 웃으며 말했다.

"맞아요. 우리 이보람 부장님, 정말 명강사님이시네요. 어쩜 그렇게 설명을 일목요연하게 하시나요? 하하. 그런데 황이사님은 지난 주에 출장중이셔서 아마 전달을 못받으셨나 봅니다."

루디아는 눈을 찡긋해 보였다. 보람은 순식간에 얼굴이 홍당무처럼 붉게 달아 올랐다. 섣불리 타박부터 한 것이 미안해졌다.

"아, 그랬군요. 아차차. 저는 이렇게 성격이 급해서 탈이라니까요. 심지어 칭찬에 대한 책까지 읽었는데…"

"그게 부장님의 강점이기도 하지요. 뭐든지 강하게 밀어부치는 추진력, 스피드! 존경합니다."

"사장님의 칭찬에 저도 춤추고 싶어지네요." 보람의 말에 모두 '와하하'하고 웃었다.

진행을 맡은 온유가 헛기침을 흠흠!하더니 다시 말을 이었다.

"네, 그러면 지난주에 출장을 다녀오신 황이사님을 제외하고 모두 작성해오셨을 텐데요. 작성해오신 것을 읽어 주시면 됩니다. 부연 설명은 자제해주세요. 시간 관리를 위해서랍니다. 그러면 오늘은 누가 먼저 하실까요?"

보람이 손을 번쩍 들고 말했다.

"지난번에는 집이 가장 먼 사람부터 했으니 오늘은 집에 가장 늦게 들어가는 사람부터 하는 게 어떨까요?"

보람의 엉뚱한 제안에 모두가 또다시 한바탕 웃었다. 그리고 한 명씩 자신이 작성해온 독서리포트를 읽으며 독서 이후 생각의 흐름을 나눴다. 나눔을 마치고 온유가 말했다.

"오늘부터는 회사에 적용해 볼만한 한 가지 공동 프로젝트를 시작해보려고 합니다. 사장님, 오늘은 첫 번째 날이니 프로젝트를 선정해주시겠어요?"

온유는 루디아에게 말했다. 부서장들도 고개를 끄덕이며 루디아의 대답을 기다렸다.

"저는 우리 회사에서도 감사경영을 하고 싶어요. 어떤 책에서 감사경영을 하는 어느 제과점 이야기를 읽은 적이 있어요. 모든 기계와 물건에 '감사합니다'라고 붙여 놓고 일했더니 감사가 그 제과점의 문화가 되었다는군요. 우리도 우리만의 인사와 표어가 있었으면 좋겠어요."

"그럼 '식사는 하신 겁니까?'하고 인사하는 건 어떨까요? 유명한 영화 명대사잖아요. '밥은 먹고 다니니?'"

강팀장의 장난스러운 말에 또 한 번 모두가 웃었다.

"사랑합니다. 사랑합니다. 어때요?"

하온유 팀장이 말했다.

"오, 그거 좋은데요!" 루디아는 손뼉을 치며 맞장구를 쳤다.

*

이렇게 전직원의 공통 인사가 정해졌지만 정작 "사랑합니다."하고 인사하는 사람은 루디아 뿐이었다.

-똑똑

루디아의 사무실 문을 열고 황신중 이사가 들어왔다.

"황이사님, 무슨 일이신가요?"

신중은 개발팀의 서류를 루디아에게 건넸다. 루디아는 "고마워요." 하고 인사한 뒤 자료를 하나씩 읽기 시작했다.

"사장님, 중간 관리자 미팅에서 재미있는 이야기가 하나 나왔습니다. 사장님께서 혼자 '사랑합니다.'하고 인사하시는 모습이 좀 외로워 보이신다고. 우리가 언제까지 사장님을 짝사랑하게 놔두어야 하겠느냐고요."

"세상에, 그랬어요? 듣던 중 반가운 이야기네요. 이제서야 말인데, 저번에 입사한지 이틀 정도 된 신입사원에게 제가 '사랑합니다'하고 인사했더니 '아, 네.'하고 인사를 받기만 하더라고요. 그분도 당황했겠죠."

"전 직원이 어떻게 하면 '사랑합니다'하고 인사를 할 수 있을까 저희

들끼리 고민해봤습니다. '사랑합니다'라고 인쇄된 종이를 200장 뽑아서 복도, 탈의실, 만두공장 기계에 붙이려고 합니다. 그리고 관리자들이 먼저 아침에 한 시간씩 직원들 출입하는 곳에서 '사랑합니다!' 하고 외치며 인사를 하려고 해요. 입에 좀 붙어야 할 것 같아서…. 당최 그런 말을 해봤어야 말이죠."

신중은 멋쩍은 듯이 웃었다.

"좋아요! 그런 이야기를 자발적으로 나눠주시니 제가 더할 나위 없이 고맙네요. 그럼 저도 뭔가를 도와야겠네요. '사랑합니다'라고 인사를 잘 한 직원에게는 포상도 할게요."

다음 날이었다. 이른 아침, 회사에 들어서던 직원들은 출입구부터 건물 바깥으로 길게 서있는 부서장들을 보고 걸음을 멈칫했다. 부서장들은 목청을 높여 외쳤다.

"사랑합니다!"

황이사가 선창을 하자 서있던 사람들도 함께 외쳤다.

"사랑합니다!"

용희는 작업복으로 갈아입기 위해 탈의실에 들어서다 말고 멍하니 복도를 바라보았다. 탈의실 입구에는 온통 '사랑합니다'라는 문구가 쓰여진 종이가 잔뜩 붙어있었다. 용희는 주머니에서 스마트 폰을 꺼내어 사진을 찍었다. 마치 하늘을 날아오르는 새의 깃털처럼 하얀

색 종이가 빼곡하게 펄럭이고 있었다.

 그날부터 신비로운 일이라도 일어난 듯이 너도나도 만날 때마다 "사랑합니다."하고 인사하기 시작했다. 그렇게 6개월이 흘렀다. 아직도 쑥스러워 얼버무리며 도망을 가듯 자리를 피하는 사람도 있었지만 대부분의 사람들은 그 인사를 기꺼이 받고, 다시 화답해주었다.

 금요일 오후, 경영자와 함께 한주간의 주요 과제를 피드백하는 자리에서 부서장들은 제일 의미 있는 성과로 '인사문화 정착'을 꼽았다. 황이사가 먼저 입을 열었다.

"생각보다 직원들이 행복해하는 모습을 보니 뿌듯하더군요. 처음에는 인사하는 것이 사소하게 느껴졌는데 말이죠. 사람이란 참 그런 존재인 것 같아요. 좋은 말을 건네고 받는 것만으로도 많은 게 달라지는 그런 존재요."

"맞아요. 그런데 저는 마트에서 계산할 때 저도 모르게 '사랑합니다.'가 튀어나와서 민망했지 뭐에요. 호호. 부끄러움은 저의 몫이었죠. 계산원이 저를 한 번 더 쳐다봐서 뭐라고 변명도 못하고…."

보람이 맞장구를 쳤다. 그러자 강팀장이 그건 아무것도 아니라는 듯이 팔을 내저었다.

"그 정도는 아무것도 아닙니다. 저는 엘리베이터에 타려는데 평소 안면이 있는 이웃집 아주머니에게 인사를 한다는 게 그만, '사랑합니다.'하고 인사해서 순간적으로 그 엘리베이터에 타야 하나 말아야하나 고민하던 찰나 문이 닫혀서 13층까지 정말 어색한 공기가 흘렀다구요. 으으. 변명을 하려고 했는데 손에서 땀만 나고 다음에 만나면 꼭 변명을 해야 할텐데…. 이제와서 다시 구구절절 설명하기도 그렇고…. 아! 지금 생각해도 너무 창피합니다. 이런게 바로 이불킥! 아니겠어요?"

강팀장은 다시 생각해도 난감한 듯이 두손으로 얼굴을 감싸 쥐었다. 회의실은 웃음바다가 되었다. 루디아가 말했다.

"다들 회사에 '사랑합니다' 인사문화를 정착시키시느라 비싼 값지불을 하고 계시군요. 이렇게 노력하시는 걸 우리 직원들이 알아주어야 할

텐데요."

 루디아의 말에 온유는 준비해 온 '사랑합니다 인사 실천 목표와 전략 보고서'를 나눠 주었다.

 "제일 첫 장을 보시면 우리 회사에서 '사랑합니다' 인사 실천 첫날부터 6개월이 지난 오늘까지 실천 현황을 그래프로 넣어 드렸습니다. 제일 실천을 잘 한 직원도 공개 투표로 3등까지 선별해 두었어요. 두 번째 장을 보시면 아직도 인사 실천을 안 하는 직원 명단이 나와 있어요. 향후 한 달간 인사 실천율을 올리기 위한 전략은 그 다음장을 넘겨보시면 나와 있습니다. 모두 3장을 펼쳐 주세요."

 부서장들은 숫자로 분석한 자료를 또박또박 읽는 온유의 말대로 보고서를 넘겼다.

 "오늘 함께 나눌 주제는 '인사를 실천하지 않는 직원들 용기 북돋기 전략' 입니다. 제가 포스트잇을 5장씩 나눠 드릴 테니 아이디어를 각 포스트잇에 하나씩 적어주세요."

 "아침에 부서장들이 일렬로 인사를 할 때 같이 하도록 하는건 어떨까요? 입에 붙으면 금방 할 수 있을텐데!"

 강팀장의 말에 온유가 대답했다.

 "강팀장님, 정말 좋은 아이디어네요. 그런데 이 시간에는 아이디어를 말로 하지 않고 포스트잇에 적어서 나누려고 합니다. 왜냐면 모든 구성원의 아이디어를 공평하게 나누고 모두에게 발언권을 동일하게 주기 위함이지요. 이걸 *NGT 방식이라고 하는데요. 명목 집단법이라고 해요. 시간은 5분을 드리겠습니다."

"아, 하온유 팀장님. 저번에 팀장 스쿨에 다녀오시더니 그때 배우신 거군요. 좋습니다." 루디아가 흡족해하며 말했다. 부서장들은 골똘히 생각하며 하나씩 적어 나갔다.

"자, 이제 작성을 마무리 해주세요. 시간이 30초 남았습니다."

온유는 시계를 보며 말했다.

"작성하신 것은 앞 쪽의 화이트 보드에 붙여주세요. 붙이신 후에는 빨간색 펜으로 최대 세 개에 별표를 해주세요. 마음에 드는 내용이 없다면 세 개를 다 쓰지 않아도 됩니다. 단, 한 가지 안건에 몰표를 주시면 안됩니다. 투표를 시작해주세요."

화이트 보드에는 25개의 아이디어들이 나풀거렸다. 각자 신중하게 고른 아이디어에 별표를 한 뒤 자리에 앉자 온유가 말했다.

"제가 제일 별표를 많이 받은 아이디어를 골라서 따로 붙이겠습니다. 모두 정말 좋은 아이디어입니다. 잘 보관해서 하나씩 실행을 해봐도 좋겠어요. 그런데 이번 달에 집중할 실행 전략을 뽑는 것이니까 제일 별표를 많이 받은 이걸로 하겠습니다."

온유는 쪽지 하나를 떼어서 들어 올렸다.

---

* Nominal Group Techniqu: 명목집단법. 여러 대안들을 토론이나 비평 없이 자유롭게 서면으로 제시하여 그 중 하나를 선택하는 집단의사결정 기법

"뭔지 궁금해요. 빨리 알려 주세요."

보람이 재촉하자 온유는 읽으려다 말고 말했다.

"아이디어를 내신 분이 설명해 주시는 게 낫겠어요. 누가 쓰신 아이디어죠?"

쪽지에는 '사물함에 장미꽃과 사랑의 편지 넣어두고 사장님과 데이트하기'라고 적혀 있었다.

"제가 낸 아이디어입니다."

황이사가 손을 들었다. 루디아가 웃으며 말했다.

"사장님과 데이트하기라니…. 저랑 데이트하기 싫어서라도 인사를 잘 할 거라는 뜻인가요?"

"아닙니다…. 그저 저는 지금 그 말을 하지 못하는 배경이 있을 것 같아서 사장님의 애정 어린 격려가 필요하지 않을까 생각했습니다. 그런데 지금 생각해보니 괜히 사장님만 고생시키는 아이디어라는 생각이 드는데, 사실 1등을 할지 몰랐습니다."

황이사는 두꺼운 손으로 머리를 긁적거렸다.

"그 대신 사랑의 편지는 저희가 나눠서 쓰면 어떨까요?"

보람이 말했다. 모두 괜찮은 생각이라는 뜻으로 고개를 끄덕이며 동의했다.

 "사랑합니다,"라고 인사하기

핵심습관 스토리

어느 날 꼴뚜기별에서 지구로 조사단을 보냈다. 그리고 당신의 조직을 조사대상으로 한 달간 관찰 조사를 했다고 가정하자. 꼴뚜기별의 조사단은 사람들의 행동을 모두 관찰한 결과를 바탕으로 돌아가서 보고서를 작성한다. 단, 꼴뚜기별의 조사단은 이 지구인들이 하는 언어는 이해하지 못한다. 오직 관찰한 행동만 보고서에 작성한다. 이 조직은 무엇을 하는 조직이고, 왜 모여서 일을 하고 있는지, 그리고 구성원들은 어떤 행동을 자주 하는지, 무엇을 할 때 박수를 받는지 보고할 것이다. 그 보고서의 내용은 어떠할까?

우리가 입으로 말하는 것이 아니라 오직 행동하고 있는 것으로만 평가한다면 우리 조직은 어떻게 평가될까? 개인의 정체성은 그가 '말하는 것'으로 규정되는 것이 아니라 '행하는 것'으로 규정된다. 조직도 마찬가지이다. 조직의 정체성은 리더와 구성원들이 무엇이라고 말하느냐로 규정되지 않는다. 그들이 어떤 행동을 하느냐로 규정된다. 그러므로 조직 정체성은 「듣고」 판단하는 것이 아니라 「보고」 판단하는 것이다.

인재미팅의 시작

북적거리는 아침 출근 길.

횡단보도 앞에서 신호가 바뀌길 기다리던 용희는 신발 매장에 시선이 닿자 유리에 바짝 달라 붙었다. 때마침 녹색 신호로 바뀌어 사람들 바삐 건너갔다. 용희는 유리너머 하얀 운동화를 빤히 쳐다보았다.

"이십 이만… 구천 원. 엄청 비싸네."

중얼중얼하며 길을 건너려고 발을 내딛는 순간 '빠앙!'하고 신경질적인 경적이 울렸다. 용희는 놀라서 뒷걸음을 쳤다. 차들은 신호가 바뀌자 마자 급하게 내달렸다. 매일 아침마다 느낀다. 뭐가 그리들 급한걸까?

회사에 도착하자 찬송 소리가 들렸다. 사람들이 한 목소리로 부르는 노래가 듣기 좋았지만 생전 처음 듣는 노래들이다. 누가 누구를 사랑한다는 내용인 것 같긴 한데 용희는 참 귀간지러운 소리라는 생각을 하며 탈의실로 갔다.

월요일 아침, 오늘도 용희는 혼자서만 탈의실에 들어왔다. 다른 직원들은 월요일 아침마다 열리는 아침 예배에 참석한다. 용희는 회사에서 친하게 지내는 사람이 없었다. 대화중에도 말의 뜻이 이해되지 않는 것이 많았고 그들이 하는 농담도 어느 측면에서 우스운 것인지 공감하지 못했다.

용희는 어두운 탈의실에서 불도 켜지 않은 채 좁은 통로에 쪼그리고 앉았다. 가방에서 작은 노트와 연필을 꺼내들고 주머니에 꾸겨져 있던 영수증 한 뭉텅이를 꺼냈다. 한 장씩 수첩에 숫자와 지출 항목으로 나눠서 기록을 했다. 아무리 더하기와 빼기를 반복해 보아도 계산이 맞지 않자, 손가락을 하나씩 폈다 접었다를 반복했다. 지난달 받았던 월급과 최저 생계비를 다 합쳐도 생활은 빠듯하기만 했다. 분명히 남아야 할 돈이 남지 않았다. 월급날이 되려면 아직 한참이 남았는데… 가슴이 답답한 나머지 한숨이 나왔다.

며칠 전이었다.

용희는 동생의 방에서 꾸벅꾸벅 졸다가 잠이 깼다. 시계를 보니 벌써 자정이 다 되어가고 있었다. 나가보려고 외투를 주섬주섬 입으려는데 현관이 철커덩하고 열리더니 검은 그림자가 들어왔다.

"이제 오니? 어딜 다녀오는…."

용희는 동생의 외투를 받으려다 말고 눈썹을 지푸렸다. 알코올 냄새가 확 풍겼다.

"야! 조용구. 너 술 마셨니?"

용희의 격양된 목소리는 두 갈래로 날카롭게 쏘아 올려졌다. 동생은 대꾸도 하지 않은 채 방문을 닫고 들어가 버렸다. 용희는 동생의 방문을 힘차게 열어젖히고 용구의 가슴팍을 밀쳤다. 용희의 주먹이 갑자기 떠미는 바람에 한 뼘도 더 큰 용구의 커다란 몸집이 비틀거렸다.

"네가 지금 제정신이야? 몇 살인데 벌써 술이야! 아버지가 안 계시니까 막 나가는 거니? 누나가 우스워? 왜 이러는 거야. 엉? 정신 똑바로 차리지 못해?"

"누나가 뭘 안다고 그래! 다 필요 없어!"

동생은 용희가 잡은 멱살을 뿌리치며 버럭 소리를 질렀다. 용희는 다시 용구의 옷을 움켜잡고 노려보며 말했다.

"모르긴 왜 몰라. 내가 널 모르면 누가 널 알아? 너 혼자 힘들어? 나도 힘들어. 나도 같이 힘든데 내가 왜 몰라! 왜 너만 힘들다고 생각하는 거야! 넌 뭘 아는데? 다른 사람을 위해서 사는 게 뭔지 네가 알기나 해? 넌 네 발끝만 보이냐? 네 생각만 하냐구!"

용희는 용구를 흔들며 울부짖었다.

"놀리잖아. 그 재수 없는 녀석들이! 나이키 좀 신었다고 거들먹거리 길래. 아르바이트를 하루 종일 구해도 북한 사투리 쓴다고 안 받아 주잖아! 도대체 여기서 우리가 할 수 있는 게 뭔데! 다른 사람은 다 돼도 북한에서 온 사람은 안된대. 우리가 범죄자도 아닌데 미워하잖아. 그냥 북한에서 왔다고 싫어하잖아. 뭐가 좋다고 여길 온거야! 같은 민족 같은 소리하고 있네!"

용구는 시뻘겋게 달아오른 얼굴위로 눈물을 흘리며 소리쳤다. 용희는 팔을 늘어뜨리며 힘없이 주저 앉았다.

"그렇다고 학교를 안가? 어떻게든 버텨야지. 더 어려운 일도 이겨냈잖아."

그날 밤의 일을 생각하자 용희는 가슴이 아렸다. 나이키 신발을 사주고 싶었는데 어림도 없었다. 턱없이 부족한 생활비의 숫자 기록과 가계부 정리를 포기하고 부스스 일어났다. 사물함을 열자 그 안에 있던 진한 장미향이 코끝을 찔렀다. 장미꽃 한 송이와 편지가 들어 있었다.

> 차분하고 조용히 주변을 돕는 조용희 사원,
> 오늘 점심은 사장님과의 '인재 미팅'입니다.
> 행복한 시간 보내시길 바랍니다

점심시간이 가까워 오자 용희는 루디아의 방문을 조심스럽게 두드렸다. 루디아의 방에서는 라벤더 향기가 났다.

"사랑합니다! 용희님, 어서 들어오세요. 잠시만 기다려주세요. 지금 메일을 보내고 있던 중이라 금방 마무리할게요."

루디아의 방에는 두 사람만을 위한 식사가 준비되어 있었다. 용희는 방을 가득 채운 각종 표창장을 둘러보았다. 메일을 다 보낸 루디아는 용희에게 자리에 앉으라고 권했다. 두 사람은 마주 앉아서 식사를 하기 시작했다.

"용희님, 사람들은 기적을 오해하고 있어요. 기적은 가끔 일어나는 것이라고 말이에요. 하지만 기적은 언제나 우리 가까이에 있고 또 기적을 주시는 분이 원하기만 한다면 자주 일어날 수도 있답니다. 사실 처음에는 우리 회사가 이렇게 여러 곳에서 상을 받게 될 줄은 몰랐어요. 회사를 유지할 수 있을까 의문일정도로 위태로운 적도 많았고요."

"기적이 자주 일어날 수도 있다구요?"

"네. 기적은 자주 일어날 수도 있어요. 우리가 삶에서 기적을 자주 볼 수 없는 건 우리가 그 기적을 주시는 분의 마음에 들지 않게 살기 때문이죠."

"어떻게 해야 그분의 마음에 들게 살수 있나요?"

용희는 사뭇 진지하게 물었다. 루디아는 활짝 웃으며 말했다.

"앞으로 저와 두 번 정도를 만나면 그 이야기를 다 해 줄 수 있을 것 같아요. 오늘은 그 중에서 첫 번째 이야기를 나누고 싶어요. 기적은 '사랑'과 연결되어 있어요. 사랑에 대한 세 가지 이야기를 들려 드리죠."

미팅을 마치고 루디아의 사무실을 나오자 보람이 기다리고 있었다.

"용희씨, 좋은 시간이었어요?"

"아, 네. 그런데 이걸 왜 하는 거예요? 사장님께서 앞으로 두 번 더 만나자고 하시는데…."

"왜요? 부담스러워요?"

"아뇨. 부담스러울 줄 알았는데 이상하게 마음이 편했어요. 그런데 사장님은 바쁘셔서 점심도 가끔 못 드신다고 들었는데 왜 저에게 신경을 써주시는 건가 해서요."

"용희씨, 오늘 아침 예배 때 공지 못 들었군요. 우리 회사가 '사랑합니다.'로 인사하는 문화를 만들어가고 있는데 잘 못하는 직원들은 사장님과 '인재미팅'을 가지게 되었어요."

"그럼 못하는 사람에게 주는 벌인가요? 벌은 나쁘고 힘들어야 하는 거잖아요. 혹시 월급도 깎이고 그러는 건가요?"

용희는 조심스레 물었다. 보람은 크게 웃으며 손사래를 쳤다.

"아니요. 그럴 리가요! 잘못하는 사람에게는 벌을 주는 게 맞는데 이상하게 상을 주게 되네요. 아프리카에 바벰바 족이라는 원시부족이 있대요. 범죄율이 눈에 띄게 낮은 것을 특이하게 여긴 어느 학자가 조사를 했더니 그 부족은 특이한 문화를 갖고 있다고 하더군요. 잘못을 저지른 사람을 빙 둘러싸고 그 사람을 향해서 외친대요. 비방이나 욕설이 아니라 그 사람이 예전에 했던 자랑스러운 일들, 잘했던 일을 이야기해 준대요. 그 시간에 잘못에 대해 지적하는 말은 하나도 등장하지 않는다고 해요. 때로는 격려가 우리의 잘못된 행동을 바꾸는 좋은 작용을 하기도 하는 것 같아요."

내 마음속 영혼의 집

루디아는 향긋한 허브티를 두손으로 감싸며 나즈막한 목소리로 말했다.

"제가 오늘 들려줄 사랑의 첫 번째 이야기는 '진짜 의미를 찾는 것'이에요. 저는 교회를 다니는 사람이었어요. 교회를 열심히 다니는 사람이긴 했지만 믿음이 있는 사람은 아니었죠. 혹시 복이 올까 기대하는 마음이었던 것 같아요. 그래요. 복받기 위해 다녔던 것 같아요. 처음에는 만두를 공장에서 떼어와 판매하는 일부터 시작했어요. 그런데 어느 날 만두를 납품하던 식당에 갔더니 다짜고짜 화를 내는 거예요. '아줌마! 여기가 어디라고 이런 걸 가져와!' 하고 말이에요. 영문도 모르고 도대체 왜 그러시냐고 물었더니 뉴스도 안 봤냐고 하더군요. 밤사이 어떤 만두의 위생문제를 다룬 뉴스가 보도된거예요. 하루아침에 망했어요. 그렇게 되고 보니 갈 데가 없는 거예요. 일주일 내내 예배가 있는 교회의 긴 의자에 앉아서 예배를 구경꾼처럼 구경하다가 기도 시간에는 기도할 줄을 몰라서 눈 감고 졸았죠. 예배 구경하다가 졸다가 일어나서 울다가 다시 잠들기를 반복했어요. 그러던 어느 날, 하나님이 저를 지켜보고 있는 것 같았어요. 그래서 그분께 이렇게 말했죠. '아, 그래도 저를 혼자 두지 않으시고 언제나 저와 함께 계셨군요. 그런데 왜 제 마음속에 계시지 않고 거기 계신가요?' 그랬더니 그분이 그러시는 거예요. '네 마음이 너무 더러워서 내가 발을 디딜 곳이 없구나.' 그 말을 듣고 저는 제 마음의 집을 하나씩 돌아보았어요. 거실에는 용서하지 못한 사람들의 얼굴이 액자처럼 걸려 있었고, 주방에는 먹어도 먹어도 배부르지 못하게 할 음식들로 가득히 쌓여 있었죠. 침실에는 나를 스스로 옭아매는 커다란 밧줄이 놓여 있어서 깊은 잠을 잘 수 없었어요. 나는 즉시 커다란 여행 가방을 가지고 나와 거실에 있는 액자의 사진들과 주방의 헛된 음식들, 그리고 침실의 밧줄을 하나도 남김없이 쓸어 담았어요. 그리고 가방을 그분께 들고 갔어요. '저는 이 가방 안에 들어있는 물건을 어떻게 처리해야 할지 모르겠어요. 그래서 이 가방의 주인이 되어 주세요.' 하고 말이에요. 그리고 그분이 서있는 발앞에 엎드려 눈물을 흘렸어요. 그러자 그분은 나의 무거운 가방을 기꺼이 받아 주시곤 그 대신 작고 예쁜 가방을 저에게 건네셨어요. '이건 뭔가요?' 하고 물으니 그분은 웃기만 하셨죠. 그 가방에는 '이 세상의 모든 것에 대한 이유'가 들어있었어요. 그 이후로 저는 만두 공장을 운영해야 할 이유, 일해야 할 이유, 사랑해야 할 이유, 그리고 살아야 할 이유를 갖게 되었어요. 참 따뜻하고 홀가분한 밤이었죠."

용희는 집으로 가는 지하철 안에서 루디아의 이야기를 떠올렸다. 어둠이 내려앉은 한강대교에 자동차들은 불빛을 꿈벅거리며 느리게 걸었다.

용희는 눈을 감고 자신의 마음에도 여러 가지 방이 있다는 상상을 해보았다. 엄마와 함께 이야기를 나누던 고향집의 온기가 떠올랐다. 그 방에서는 루디아의 방에서 났던 라벤더 향기가 나는 것 같았다.

또 다른 방은 캄캄했다. 그 방에는 굳은 표정으로 웅크리고 앉아 있는 작은 소녀가 있었다. 소녀와 눈이 마주치자 피곤이 몰려왔다. 이어폰을 귀에 꽂았다. 이어폰에서는 아무 음악도 나오지 않았지만 용희는 이렇게 이어폰을 귀에 꽂고 있으면 안정감이 들었다.

낯선 도시 서울. 그곳에서 느껴지는 특이한 냉정함과 이방인에 대한 경계의 시선들에게서 잠시 몸을 숨기는 기분이었다.

"무슨 음악 들어요?"
앞에 서 있는 사람이 말을 걸었다. 용희는 눈을 번쩍 떴다. 하얀 셔

츠에 깔끔한 슈트 차림의 강팀장이었다. 강팀장은 용희의 옆자리에 앉았다.

"안녕하세요. 음악, 아무것도요…. 퇴근하시는 길이세요?"

"내일 아침에 대구에서 교육 세미나가 있어서 지금 열차 타러 가는 길이에요."

강팀장은 여행용 가방을 발끝으로 툭툭 치며 말했다. 용희는 가방을 보며 "아, 네."하고 희미하게 고개를 끄덕였다.

"회사 다닐만해요?"

"네. 다들 잘해주세요."

강팀장은 한만두식품의 가인지경영을 돕기 위해 파견되어 온 컨설턴트였다. 용희가 한만두식품의 면접을 보던 날, 강팀장은 면접관이었다. 용희는 이미 수차례 입사 거절을 당했다. 탈북민이라는 이유였다. 자신의 순서가 다가올수록 불안했다. 의자에 바짝 당겨 앉아 무릎에 손을 얹고 팔꿈치를 펴고 있자니 발이 덜덜 떨렸다. 숨도 쉬기 어려울 만큼 호흡도 거칠어져서 무슨 질문을 받는다 해도 답을 못할 것 같았다.

'분명 이번에도 떨어질 거야. 가뜩이나 말이 서툰데 이렇게 숨도 못 쉬게 떨리다니.'

읽고 또 읽어서 너덜너덜해진 이력서와 자기소개서에 땀이 흥건하게 번져 있었다.

"조용희씨. 안으로 들어오세요."

"입사하면 우리 회사는 매달 봉사활동을 다 같이 나가고 있어요. 만약 그게 어렵다면 지금 입사를 다시 고민해 보셔야 해요."

여느 때와 같이 북한에서 왔다는 이유로 거절당하거나 혹은 경계심으로 가득한 질문 세례가 쏟아질 줄 알았던 용희는 어리둥절했다.

"네? 죄송하지만 무슨 뜻인지 이해를 못 했어요."

"한 달에 한 번씩 회사가 다 같이 봉사활동을 나가는 거 괜찮은지 묻는 거예요. 그게 싫다면 입사를 포기해도 좋아요."

"봉사활동이요? 그걸 왜 싫다고 하는 거예요? 엄청 위험하고 돈도 많이 드나요?"

"하하. 아니요. 그런 게 아니라 우리 회사가 제일 중요하게 생각하는 것을 함께 중요하게 생각해줄 사람을 채용하는 게 기본이니까요. 그래서 묻는 거예요."

"그럼 저를 뽑아 주시는 건가요? 감사합니다…."

용희는 그때 생각을 하면 지금 이렇게 일할 수 있다는 것만으로도 다행스러운 일이라는 안도감이 밀려왔다. 해결될 수 없을 것 같던 하나의 일이 해결되었으니 지금의 막막한 문제들도 언젠가는 그 끝이 있을 거라는 희망이 생겨나기도 했다.

강팀장은 덜컹거리는 지하철 선반에 올려 두었던 배낭을 꺼내어 무언가를 찾기 시작했다. 잠시 후 분홍색 노트 한 권을 꺼내어 용희에게 내밀었다.

"용희씨, 피드백 노트에요. 회사에서 참여하는 교육이나 중요한 미팅에 가지고 가서 메모해도 좋고, 하루 일과를 정리하는 일기를 써도 좋고, 아침에 하루 일과를 미리 적어 놓고 계획을 세워봐도 좋아요. 선물이에요."

용희는 분홍색 노트를 받아 들고 수줍게 감사의 인사를 했다. 부드러운 색감과 가죽 느낌의 따뜻한 촉감이 좋았다.

"옛날 산골에 노총각이 있었어요. 노모를 모시고 혼자 살았는데 노모가 병에걸려 시름시름 앓게 되었죠. 병을 낫게 할 방도를 찾던 중 3년 묵은 도라지를 먹으면 병이 다 낫는다는 것을 알게 되었어요. 도라지를 다려 먹으면 나을 것인데 3년 묵은 도라지를 찾을 수가 없어서 3년 동안 찾아다녔지요. 그러던 중에 결국 노모는 돌아가시고 노총각은 주저앉아 울며 한탄했어요. '3년전에 도라지를 심었더라면 지금 어머니를 살릴 수 있었을텐데!' 하면서 말이죠. 우리는 언제든지 한 번에 완벽한 무엇인가를 찾아 헤매곤 하죠. 그런데 그런 건 없어요. 오늘 용희씨의 씨앗을 심어 보아요. 그러면 나중에 멋진 열매가 돌아올 테니. 하하. 저 이제 내릴게요. 조심해서 들어가고 다음 주 월요일에 봅시다!"

강팀장은 지하철 문이 열리자 커다란 검은색 배낭을 짊어지고 캐리어를 끌고 내리며 힘차게 손을 흔들어 인사를 했다. 인파 속으로 사라진 강팀장의 뒷모습을 보며 용희는 노트의 첫 장을 펼쳤다. 기록을 부르는 멋진 디자인의 노트였다. 가방안의 펜을 찾느라 손을 집어넣고 한참을 뒤적거린 후에 펜을 꺼내 들었다.

　-첫 번째 만남, 사랑은 의미를 찾는 것이다.

　-내가 일하는 이유는 무엇일까?

　-내가 더 좋은 사람이 되어야 할 이유는 무엇일까?

　-나는 오늘 어떤 도라지를 심을 것인가?

용희는 루디아의 이야기를 떠올리며 문득, 자신은 커다란 가방에 무엇을 넣어야 할까 생각해 보았다. 내가 해결할 수 없는, 나의 마음 속 영혼의 집을 어지럽혀 놓은 그 수많은 짐들은 무엇일까. 골똘히 생각하던 용희는 '조용구'라고 적었다.

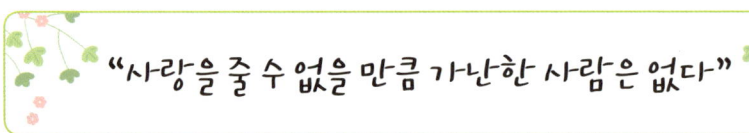

오후 네 시의 기적

　강팀장은 자동차 문을 잠그는 버튼을 '삑!'하고 눌렀다. 마음이 바빴다. 몇몇 직원들에게 먼저 반갑게 인사를 하며 생산실로 뛰어 들어갔다. 생산실로 들어가는 입구에는 위생을 위한 각종 소독 시스템과 먼지 제거 기구가 있었다. 생산복으로 갈아입은 강팀장은 절차를 모두 마친 후 생산실 문을 힘차게 열었다.
　"사랑합니다!"
　강팀장은 직원들을 향해 웃으며 인사를 했다. 직원들은 다소 갈라진 목소리로 대답했다.
　"회사에서 하기로 한 찬양대회가 2주일 남은 것 아시죠? 지난번에 나눈 팀끼리 모여서 연습은 잘 하고 계신가요? 팀장은 정하셨구요? 곡명

은요?"

한 달에 한번씩 하기로 한 '사랑 프로젝트'가 이번 달에는 찬양대회였다. 강팀장은 격양된 목소리로 직원들의 얼굴을 번갈아 쳐다보며 대답을 기다렸다. 긍정도 부정도 아닌 미지근한 반응만 오고 갔다. 갑자기 생산실에 적막이 흘렀다. 기계음이 더 우렁차게 윙윙 소리를 내는 것 같았다. 누구라도 강팀장과 눈을 마주치려고 하지 않았다. 용희는 가늘게 숨소리를 삼키며 주변 사람들의 표정을 살폈다. 힐끗하고 강팀장의 얼굴로 시선이 옮아간 순간 눈이 딱 마주쳤다.

"용희씨?"

"네!"

강팀장은 짙은 눈썹을 위로 들어 올리며 대답을 재촉했다. 이제 나머지 직원들의 시선도 모두 용희에게 쏠렸다.

"아. 저기…. 그게…. 아직요."

"곡명도 안정하셨다구요?"

강팀장은 머리카락이 곤두서는 것 같았다. 찬양대회를 연다고 안내를 하고 팀을 짜라고 알려주면 스스로 할 것이라고 생각한 것이 오산이었다. 노동에 지친 직원들에게 찬양대회는 그 자체로 직원들의 환영을 받을 것이라 생각했다. 날짜는 코앞으로 다가왔는데 아무도 연습을 하지 않는 이런 상황이라면 행사의 결과는 불 보듯 뻔했다.

오합지졸의 팀으로 엉성하게 서있는 사람들이 악보를 보고 즉석에서 아무 노래나 부르고 있는 그 행사에서 애써 모든 팀에게 찬사를 보내느라 진땀을 빼며 사회를 맡을 자신의 모습이 머릿속에 생생하게 그려졌다.

"용희씨 잠시 얘기 좀 해요."

용희는 생산실 밖으로 강팀장을 따라 나섰다. 문을 밀고 나가자 강팀장이 황급히 말했다.

"용희씨, 나 좀 도와줄 수 있어요?"

강팀장은 손에 들고 있던 투명한 서류 파일을 용희에게 건넸다. 용희는 말없이 파일을 받으며 암묵적인 수긍을 했다.

"오늘 점심때까지 각 팀의 팀장을 정해서 여기 이름을 써주시고, 각 팀끼리 오늘 점심 식사를 함께 하면서 무슨 곡을 하면 좋을지 의논해서 용희씨가 취합해주면 좋겠어요. 어려운 부탁인 거 알지만 정말 이렇게 아무 관심도 없을 줄은 몰랐어요. 그리고 연습은…."

강팀장은 머리를 두 손으로 움켜 쥐며 눈을 질끈 감았다.

"연습은…. 아마 어려우셨을 거예요. 다들."

용희의 말에 강팀장이 눈을 떴다. 그때 휴대폰 진동음이 울렸다. 강팀장은 재빨리 전화를 받으며 "네, 아. 그런데 제가 잠시후에 전화드려도 될까요? 네, 네. 감사합니다." 하고 전화를 끊었다.

"어디까지 얘기했죠? 미안해요."

"연습은 아마 다들 어려우셨을 거라구요…. 퇴근시간에 맞춰서 바쁘게 집에 가셔도 식구들을 챙기시느라. 밀린 집안일에, 식구들 식사 준비에 빠듯하신 것 같아요. 그리고 솔직히 말씀드리면…. 찬양대회라니, 뭘 어떻게 해야 하는지 모르겠어요. 한번도 해본적이 없어서요."

현실적인 이야기였다. 강팀장은 서둘러 루디아에게 보고하고 상의를 해야 한다는 판단이 들었다.

"그래도 이건 제가 한 번 채워볼게요."

용희는 파일을 손에 들고 말했다. 강팀장은 고맙다는 인사를 한 뒤 밖으로 나갔다.

조금 쌀쌀해졌지만 아침의 태양은 여전히 부드럽게 빛났다. 강팀장은 루디아의 사무실 문을 두드렸다. 문을 열고 들어가니 루디아는 통화 중이었다. 잠시 기다리라는 손짓을 한 뒤 루디아는 통화를 마무리하고 자리에 앉았다. 강팀장은 오늘 아침 생산실에서 있었던 일을 요약해서 전달했다. 자신이 좀 더 중간단계에서 세밀하게 살피지 못했다는 피드백도 잊지 않았다.

"사장님, 오늘 점심까지 각 팀별로 곡명을 정하도록 소통을 해두긴 했는데 문제는 연습입니다. 따로 시간을 내어서 연습을 할 수 있는 상황이 아닌 것 같아요."

"그랬군요."

루디아는 숨을 한 번 크게 들이쉬었다.

"그러면 근무시간을 두 시간 할애해주죠. 오후 4시부터 6시까지 팀별로 흩어져서 연습을 하도록 해주세요."

루디아의 말에 강팀장은 화들짝 놀라며 고개를 가로저었다.

"사장님, 그건 안됩니다. 종일 생산을 해도 납품 수량을 다 맞추기가 어려워서 납기일을 겨우 맞추고 있어요."

"그건 저도 알고 있어요. 하지만 제 마음에 우선순위가 날이 갈수록 점점 더 선명해지는 것 같아요. 처음에는 흐릿한 형상이어서 이게 맞을까 하는 생각이 들었지만 지금은 무엇을 앞에 두고 무엇을 그 다음에 두어야 할지 명료해지는군요. 직원들이 행복해져야 좋은 만두가 나올 것이란 확신 말이죠. 어차피 마지막이라는 생각으로 가치경영을 해보기로 했으니 엔진을 뜨겁게 달궈봅시다. 상금도 50만 원으로 걸고 그 상금을 받는 팀이 부끄럽지 않을만큼 최선을 다하도록 격려해주세요."

루디아의 확신에 찬 눈빛과 힘있는 목소리를 들은 강팀장은 가슴이 뭉클했다. 강팀장은 문으로 뚜벅뚜벅 걸어가 문을 활짝 열고 말했다.

"사장님, 한만두 식품의 최고의 축제, 최초의 축제가 되도록 준비하겠습니다."

강팀장은 서둘러 박대리를 찾아갔다. 박대리는 대학에서 성악을 전공하고 교회에서도 성가대 지휘를 맡고 있었다. 현빈을 연상하게 할 만큼 훤칠한 키와 호감을 주는 인상으로 '한만두의 현빈'으로 통하고 있었다. 강팀장은 박대리가 이 일의 적임자라고 생각했다. 그는 평소에도 모든 직원들과 격의 없이 지내며 그들의 대소사에 대해서 잘 알고 있었다. 직원들의 이사를 도우러 가는 것은 기본이고 직원들의 자녀가 감기에 걸린 것까지 알고 있을 정도였다.

박대리는 강팀장이 해주는 상황 설명을 듣더니 고개를 끄덕였다. 박대리는 강팀장이 요청하기도 전에 "팀 별로 곡을 선정하는 것을 돕고 연습도 맡아서 진행하겠습니다."라고 자처했다.

매일 오후 회사 곳곳에서는 음악 소리와 노래를 부르다가 웃는 소리, 박수소리가 버무려져 활기를 띄기 시작했다. 일주일이 지나자 활기의 강물은 오후 네 시를 넘어서 이른 아침 생산실로 흘러 들었다. 직원들은 온통 찌푸린 얼굴로 원망과 불평을 쏟아내는 대신 어제 연습 시간에 있었던 일을 이야기하느라 10대 소녀처럼 즐거워했다.

"아이고. 나는 아까 박대리가 손을 번쩍 들 때 배꼽의 털이 그렇게 많은지 몰랐네 그래."

"별일이야. 남자 배꼽 처음 본 사람처럼. 그런 건 봤어도 못 본 척을 해야지!"

"아니 나는 그렇게 이쁘게 생긴 청년은 배꼽도 이쁜 줄 알았지!"

"하하하하! 그건 그러네. 그러게 말이야!"

"아니, 그런데 율동할 때 그 허리를 요롷게 꺾는 거 말이야. 내가 아무리 허리를 돌려봐도 그렇게 안되던데. 다들 잘 되는감?"

"이거? 이렇게?"

"아니 어쩜 그렇게 허리가 유연해? 그게 어떻게 그렇게 잘되는거여?

난 아무리 해도 안되던데."

"이게 왜 안돼? 이렇게, 이렇게 하면 되잖여."

용희도 '푸흡'하고 웃음이 나오는 것을 손으로 틀어막았다. 그림자가 언제 그들에게 드리워 있었냐는 듯이 따사롭게 비추는 햇빛 아래 흰 눈처럼 생산실의 아침은 행복한 웃음으로 녹아내리고 있었다.

 "사랑은 상대가 잘 하는 일을 찾아주는 것"

문화 캘린더 찬양대회

"자, 오늘 연습은 여기까지 하겠습니다. 모두 수고 많으셨습니다."

박대리는 피아노 앞에서 일어나며 말했다. 직원들은 모두 박수를 치고 자리를 정돈했다. 간단한 캐주얼 차림의 박대리는 몸에 한기가 느껴져 손바닥으로 자신의 팔을 쓸어내렸다. 초가을의 맑고 선선한 공기였지만 박대리는 자동차에 시동을 걸자마자 바로 히터를 최대한 높게 올렸다. 그때 연습을 하던 예배당의 불이 켜져 있는 것이 보였다.

'아차, 내가 불을 안껐구나.'

그는 차에서 내려 예배당으로 향했다. 문 가까이에 가자 희미한 피아노 소리가 들렸다. 손잡이를 잡아 문을 여니 피아노에 누군가 앉아있는 뒷모습이 보였다. 용희였다. 용희는 띄엄띄엄이긴 하지만 악보를 보며 피아노를 치고 있었다. 그냥 돌아서려던 박대리는 피아노쪽으로 다가갔다. 인기척을 느낀 용희는 피아노를 치는 것을 멈추었다. 박대리가 걸어오는 것을 보고 용희는 용수철처럼 자리에서 벌떡 일어났다.

"계속 쳐도 돼. 피아노는 언제 배웠니?"

"배운 적 없어요. 그냥 쳐보는 거예요."

용희는 얼굴이 화끈거렸다. 박대리와 이렇게 가까이에서 이야기를 나누는 것만으로도 머리가 멍해졌다.

"그냥 쳐보는 것치고는 너무 잘치는데. 잘됐다. 연습할 때 반주정도는 도와줄 수 있겠는걸? 나 솔직히 혼자 원맨쇼하는 기분이었거든. 피아노쳤다가 나와서 안무 지도했다가 노래 교정해주었다가…. 즐겁긴 한데 좀 외롭다고나 할까?"

박대리는 자기가 한 말이 우습다는 듯이 혼자 웃었다. 하얗고 가지런한 치아가 보이는 호탕한 웃음소리에 용희도 마음이 편해졌다. 신기하게도 박대리가 그렇게 웃을 때면 용희는 자기도 모르게 따라 웃게 되었다.

"내일부터 피아노 반주 도와줄 수 있지? 휴대폰 줘봐."

박대리는 용희가 대답을 하기도 전에 피아노 위의 휴대폰에 자신의 번호를 누르고 통화버튼을 눌렀다. 그러자 그의 옷에 넣어둔 휴대폰에서 진동음이 울렸다.

"아니, 아니요. 제가 그 정도는 아니에요."

박대리는 용희의 대답에는 아랑곳없이 주소록에 저장을 하느라 여념이 없었다.

"이름이…. 용희였던가? 무슨 용희지?"

"조용희…."

"아, 맞다. 조용희. 항상 조용해서 조용희구나 생각했었지 참!"

박대리는 이번에도 굉장한 농담을 했다는 듯이 혼자 웃었다. 용희는 굳은 얼굴로 말했다.

"그런 뜻 아니에요. 쓸'용'에 기쁠 '희'. 기쁘게 쓰임 받는 사람이 되라는 뜻으로 부모님이 지어 주신 이름이에요. 그리고 찬양대회는 어차피 3일밖에 안남았으니까 반주는 제가 도울게요. 먼저 가보겠습니다."

용희는 박대리의 얼굴도 보지 않고 밖으로 나갔다.

*

찬양대회 날, 어둠이 깊이 드리운 새벽이었다.

요란스러운 휴대폰 소리가 용희의 머리맡에서 굉음을 냈다. 용희는 눈도 제대로 뜨지 못한 채 시계를 봤다. 새벽 4시 15분이었다.

'이 시간에 누굴까?'

박대리의 전화였다.

"박대리님?"

"용희씨, 내가 지금 응급실에 와있는데…."

박대리는 잠긴 목소리로 힘겹게 말했다. 용희는 자기도 모르게 벌떡 일어났다. 잠이 싹 달아났다. 박대리는 하루도 거르지 않고 퇴근 후에 봉사활동을 할 만큼 타고난 건강 체질이었다. 그랬던 그였지만 건강을 과신한 탓인지 누적된 피로에 가벼운 장염이라는 게 그의 설명이었다. 걱정할 것은 없다고, 별것 아니라고, 그저 밤에 너무 아픈데 병원에 가 줄 사람이 없어서 구급차를 타고 온 것뿐이라고 너스레 떠는 것을 잊지 않았다.

"오늘이 바로 행사날인데 내가 갑자기 응급실에 와버리다니…. 용희씨가 반주를 맡아주면 좋을 것 같아서 전화했어. 사장님께도 그렇게 말씀 드렸어. 부탁 좀 할게. 갑자기 미안…."

용희는 눈앞이 캄캄했다. 거절할수도 없는 노릇이었다. 알겠다고 걱정하지 마시라는 안심을 시킨 뒤 전화를 끊고 옷을 입기 시작했다. 새벽 첫차를 타고 회사에 도착한 용희는 피아노 앞에 앉았다. 등줄기를 타고 식은 땀이 흘러 내렸다. 악보에 빨려 들어갈 듯이 집중해서 음 하나 하나를 익혀 나갔다. 행사가 시작되어 강팀장이 앞에서 인사를 할때도 머리속으로 음을 떠올리며 다리 위에 올려놓은 손가락을 움직여 보았다. 악보의 멜로디가 귀에 들리는 듯했다. 직원들은 네 팀으로 나뉘어 저마다 개성을 뽐내며 노래를 불렀다. 세련된 조명과 음향은 없어도 즐겁게 하나가 되었다.

조각 같은 외모의 가수들은 흉내낼 수 없는 정감 어린 열기가 공간을 가득 채웠다. 마지막으로 용희팀 차례가 되었다. 용희는 피아노 건반에 양손을 올려놓았다. 작고 단단한 촉감이 전해져 왔다. 눈앞이 하얗게 흐려졌다. 머리를 흔들며 긴장감을 떨쳐보려고 애썼지만 그럴수록 그동안 연습했던 악보의 음들이 하나씩 불타버리고 마는 것 같았다. 반주를 기다리던 동료들은 조금씩 웅성거리기 시작했다. 루디아는 용희 곁으로 다가가 어깨에 손을 얹으며 말했다.

"많이 긴장되죠? 다른 사람들 앞에서 뭔가 한다는 건 떨리는 일이에요. 오늘 용희님은 저분들이 그 떨리는 첫 공연을 할 수 있도록 도와주는 거예요. 저분들도 같은 심정일거예요. 혼자 헤쳐나가는 게 아니라 함께랍니다."

루디아의 말을 듣고 용희는 움츠렸던 어깨를 폈다. 그리고 무대에서 반주를 기다리고 있는 팀원들의 얼굴을 보았다. 평생 노래라고는 신세한탄을 담은 노래를 흥얼거려본게 전부인 그들의 얼굴. 누군가의 어머니, 누군가의 아버지인 거뭇거뭇한 얼굴이 소년처럼 소녀처럼 발그레했다. 용희는 건반을 두드리기 시작했다. 아무 생각도 할 필요가 없었다. 손가락이 악보를 기억했고 정확한 음과 속도로 찾았다. 연주를 하는 동안 멜로디에 맞추어 노래를 하는 팀원들의 얼굴이 하나씩 보였다. 처음으로 한명 한명의 얼굴을 보았다.

뜨거운 박수와 함께 모든 순서가 끝났다. 강팀장은 용희를 향해 엄지 손가락을 치켜 세웠다. 루디아는 행복한 얼굴로 앞으로 나왔다.

"지난 2주일동안 놀라운 연습을 모두 잘 해주어서 고맙습니다. 어제 한 통의 전화를 받았어요. 양주시에서 기업인의 날 행사를 하는데 합창 대회가 있다고 하더군요."

"상금도 있나요?"

황신중이 손을 번쩍 들고 물었다. 루디아는 고개를 끄덕이며 말했다.

"네! 1등한 팀에게는 100만 원의 상금도 있어요. 그런데 그게 목표는 아니에요. 합창 대회를 준비하면서부터 여러분의 얼굴에 행복이 번지는 것을 모두 느끼셨죠? 우리가 힘든 일을 겪을 수는 있지만 우리는 선택할 수 있답니다. 무엇에 집중할 것인지를요! 불행한 상황, 나를 힘들게 하는 사람들에게 집중할 것인지, 아니면 찾아보면 셀 수 없이 많은 감사의 조건들에게 집중할 것인지 우리는 선택할 수 있어요. 저는 합창 대회를 통해서 여러분이 행복에 집중할 수 있는 계기를 마련해 드리고 싶어요. 우리가 행복해야 만두도 행복한 만두가 되죠. 신나게 무대를 즐기고 옵시다!"

오! 해피데이! 사랑이 빚어낸 행복한 만두

점심을 먹은 후 하온유 팀장은 노트북에 이어폰을 연결해서 동영상을 보고 있었다. 노트에 뭔가를 빼곡하게 적어 내려가며 연신 동영상을 정지시켰다가 재생하는 것을 반복했다.

"온유 팀장, 뭘 그렇게 봐요? 전화도 안받고."

이보람 부장은 온유의 곁으로 다가가 모니터를 들여다보며 물었다.

"아, 전화하셨었네요. 이번에 기업인의 날 행사에서 부를 곡이 '오, 해피 데이'라고 하셔서 안무랑 박수 치는 부분을 메모하고 있었어요."

"역시 꼼꼼한 온유 팀장이라니까. 나는 그냥 계속 해보면 되겠지 했는데."

"그런데 지하철 같은데서 계속 듣고 싶은데 노트북 사용이 가능한 공간에서만 봐야하는 게 좀 답답해요. 음악 파일 같은 게 있으면 편할 것 같아요."

무심코 그 옆을 지나던 강팀장이 갑자기 대화에 끼어 들었다.

"아, 그렇겠네요! 노래 파일을 직원들에게 전달하면 수시로 들을수 있으니 더 빨리 외울 수 있겠는걸요? 그 생각을 못했네요."

강팀장의 말에 보람은 박수를 치며 환호했다. 온유는 침착한 표정으로 말했다.

"그런데 노래 파일도 필요하지만 정확한 악보에 맞추어 연주하는 연주곡도 있으면 좋겠어요. 미세한 박자가 입에 잘 안 붙어서요. 그리고 영화 '시스터 액트'에 나왔던 공연 버전이랑 여러 합창 버전도 저는 다 듣고 싶어요. 영상밖에 없어서 인터넷이 안되는 곳에서는 들을 수가 없는 게 아쉬워요."

보람은 온유의 말에 귀를 기울이며 고개를 끄덕였다.

"온유 팀장은 학교 다닐 때 모범생이었을 것 같아요. 저는 그런건 꿈에도 생각을 못했네요."

강팀장은 자기만 믿으라는 듯이 어깨를 으쓱하며 말했다.

"다 방법이 있지요. 하팀장님, 원하시는 영상을 모두 저에게 링크로 보내주세요. 제가 음악 파일로 만들어서 어디서나 들으실 수 있게 만들어 드릴게요."

온유는 그제야 활짝 웃으며 자리에서 일어났다.

매일같이 직원들의 입에서 흥얼거리며 흘러나오는 노래소리는 양주시 기업인의 날 무대에서 더욱 힘있게 울려 퍼졌다. 20대가 즐겨 입는 선명한 색상의 후드티를 함께 맞춰 입은 탓인지 노래를 부르는 직원들의 목소리는 청년보다 더 우렁차고 청아했다.

열기를 띠었던 모든 순서가 끝나고 사회자가 마이크를 잡았다.
"양주시에 이렇게 숨은 인재들이 많은지 몰랐습니다. 각 팀이 모두 멋진 무대를 보여주셨습니다. 제일 먼저 장려상을 발표하겠습니다. 장려상에게는 상금 30만 원과 트로피가 수여됩니다. 제가 발표를 할텐데요…. 아, 이 팀이군요. 제가 대기석에서 잠시 대화를 나눠보니 오늘 입으신 옷이 본인 옷장에서 제일 비싼 옷이라고 하더군요. 사장님께서 오늘 무대를 위해서 특별 선물로 주신 옷을 입고 공연을 해주셨다고 합니다. '오 해피데이'를 불러주신 한만두 식품입니다! 축하드립니다!"
사회자의 발표가 끝나자 객석은 환호성으로 가득찼다. 직원들은 서로 얼싸안고 뛸듯이 기뻐했다. 용희는 자기도 모르게 벅차오르는 가슴에 눈물이 쏟아졌다. 루디아도 직원들과 함께 포옹을 하며 기쁨을 나눴다. 눈물이 멈추지 않는 용희를 꼭 껴안아 주며 말했다.
"잘했어. 정말 잘했어."
용희는 두팔로 루디아를 힘껏 껴안았다.
신중은 아이스 박스에 준비해온 만두를 작은 쇼핑백에 분류하느라

분주했다. 행사를 마치고 나가는 300여명의 양주시민들에게 선물로 하나씩 안겨드리는 그의 얼굴은 상기되어 있었다.

루디아는 직원들에게 상금 봉투를 보여주며 말했다.

"여러분의 노력으로 받은 상금30만 원 이에요. 여러분이 가장 원하시는 일에 씁시다."

그러자 중년의 직원이 손을 번쩍 들었다. 거친 나무 껍질처럼 둔탁한 손을 들고 있는 모습이 선생님이 발표를 시켜주기를 기다리는 어린아이 같았다.

"사장님! 이건 너무 귀한 돈이라서 가장 귀한데 쓰고 싶어요. 우리가 매달 가는 봉사지에 후원하고 싶습니다!"

나머지 직원들도 기다렸다는 듯이 고개를 끄덕이며 거들었다. 루디아는 눈시울이 붉어졌다. 먹먹한 마음에 목소리가 떨렸다.

"이런 멋진 분들과 제가 함께 일하고 있다니 저는 정말 행복한 사람입니다."

그때 멀리서 은색 정장을 입은 남성이 그들에게 다가와 말을 걸었다. 그는 금테 안경을 끼고 중저음의 목소리로 말했다.

"오늘 공연은 정말 인상적이었습니다. 양주시에 이렇게 큰 만두공장이 있는지 몰랐네요. 오늘 공연팀중에 가장 팀워크가 잘 맞았던 것 같습니다. 만약에 인기상 시상이 있었다면 한만두가 인기상을 받았을겁니다."

"그렇게 말씀해 주셔서 고맙습니다. 하지만 저희는 큰 공장이 아니에요. 오늘 공장문을 닫고 전직원이 다같이 온거랍니다."

보람이 명랑하게 말했다. 은색 정장의 남자는 안경을 한 번 고쳐쓰고는 "아, 그랬군요." 하며 미소를 지었다. 그는 루디아에게 명함을 건네며 말했다.

"대표님이시지요? 저는 양주에 있는 주식회사 헬로우 조명의 전략기획 실장입니다. 저희 회사에서 연말에 크게 자체 행사를 여는데 혹시 초대가수로 오늘 팀 그대로 와주실 수 있으실까요?"

직원들은 눈이 휘둥그래졌다. 엉겁결에 난생처음 초대가수가 된 것이 몹시 설레는 듯했다.

"네! 가겠습니다. 제가 이분들 매니저니까 잘 모시고 가겠습니다. 초대해주셔서 감사해요."

루디아는 문을 열고 나가면 무엇이 기다리고 있을지 알 수 없었지만 적어도 지금 이 길은 마땅히 걸어야 할 길이라는 확신이 들었다. 그렇게 행복한 직원들이 함께 부른 노래는 고스란히 사랑으로 환원되고 있었다.

크리스마스 무렵, 헬로우 조명에서 성탄 메들리를 멋지게 선보인 직원들은 돌아오는 길에 다 같이 자장면을 먹으며 이야기를 나눴다.

"이제 올해도 끝이네."

"나이 또 한 살 먹는 게 반갑지는 않지만 늙어가는 것도 나름대로 좋은 점도 있는 것 같아. 그나저나 자장면은 시간이 흘러도 왜 이렇게 맛있는 거지?"

"난 올해 노래 부르고 춤췄던 것 밖에는 기억이 안나. 계속 노래만 부른 것 같은데 일 년이 훌쩍 지나갔네."

"그러고 보면 우리 만두만큼 노래를 많이 들은 만두는 없을거야. 아마 세계에서 제일 노래를 많이 듣고 만들어진 만두가 아닐까?"

직원들의 해맑은 표정을 보며 루디아는 창 밖으로 고개를 돌렸다. 회색 하늘에 차가운 눈보라가 이따금 마른 나뭇가지를 흔드는 것을 보며 문득 한해가 저물었다는 것을 깨달았다. 회사 문을 닫아야 하는 위기 속에서 마지막으로 한 번만 직원들이 행복한 회사로 만들어보자고 달려왔던 5개월의 시간이었다. 직원들은 확실히 그전보다 행복해진 것 같은데 어디까지 이렇게 걸어가야 할지는 알 수 없었다.

새해가 밝았다.

겨울나무는 꽁꽁 얼어붙은 땅에서 봄을 준비하고 있었다. 새해 아침부터 사무실은 사방에서 울려대는 전화벨 소리로 요란했다. 신중은 루디아에게 기쁨에 찬 목소리로 말했다.

"사장님, 지난달 대비 매출이 두 배입니다. 고객들이 갑자기 만두가 너무 맛있어졌다고 하더라구요."

신중의 말을 들은 루디아는 두 손으로 얼굴을 감싸며 대답했다.

"역시! 직원들이 행복해지니까 만두도 덩달아 맛이 좋아지나 봅니다."

루디아는 직원들의 꿈을 하나씩 떠올렸다. 그 꿈을 이루는 일에 조금이라도 손을 보탤 수 있다면…. 꿈은 돈으로 이루는 것이 아니라 사랑으로 이루는 것이라는 생각이 섬광처럼 머리를 스치고 지나갔다. 직원들의 꿈을 이루는 것이 곧 자신의 꿈이 이뤄지는 비밀의 통로였다. 그녀는 이 비밀의 통로를 걸어가리라 다짐했다. 광활한 땅 위에 이제 막 하나 놓기 시작한 모퉁이 돌 앞에 홀로 서 있는 기분이었다.

PRACTICE 01

사랑은 의미를 찾는 것입니다

사랑을 줄 수 없을 만큼 가난한 사람도 없고, 사랑을 받지 않아도 될 만큼 부요한 사람도 없습니다. 톨스토이는 그의 단편작 〈사람은 무엇으로 사는가〉에서 사람이 살아가는 힘은 '사랑'이라고 했습니다. 사랑을 하는 것이 행복한 이유는 사람이 사랑하는 것을 통해서 가장 큰 행복을 누리기 때문입니다.

사랑은 내가 가진 것을 베푸는 것에서 시작합니다. 내가 가진 것이 무엇인지 생각해 봅시다. 내가 가진 시간과 물질, 재능과 힘은 모두 어느 누구와도 바꿀 수 없는 고유한 것입니다. 또한 내가 가진 것들은 그냥 생겨난 것이 아닙니다. 인생을 살아가는데 정말로 중요한 숨쉬는 공기와 나의 몸, 그리고 시간 조차도 내가 스스로 만들어 낸 것은 하나도 없습니다. 선물로 받은 것입니다. 그렇게 생각하면 나의 노력을 통해 얻은 것들도 따져 보면 결국 값없이 얻은 것들입니다. 또한 누군가의 사랑을 통해 얻게 된 것들입니다. 사람은 서로가 가진 것을 나누며 함께 할 때 풍성해집니다. 내가 가진 것들 중에서 주변 사람들을 사랑으로 섬기는데 사용될 수 있는 것은 무엇입니까?

- 내가 가진 것들

내가 가진 것들

내가 가진 것들을 통해 지금 나의 사랑을 필요로 하는 사람은 누구입니까? 내가 베풀 수 있는 사랑은 무엇입니까? 사랑은 무엇인가를 소유할 때 누리는 것이 아니라 함께 하는 시간과 관계를 통해서 나눌 수 있습니다. 게리 채프먼은 〈5가지 사랑의 언어〉에서 함께 하는 시간, 격려의 말, 봉사, 선물, 스킨쉽 등 사람이 사랑받는다고 느끼는 다섯가지 영역을 이야기 했습니다. 지금 나는 누구에게 어떤 사랑을 나눌 수 있습니까? 나의 사랑 프로젝트를 세워 봅시다.

- **나의 사랑 프로젝트**

대상	그가 필요로 하는 것	나의 표현 방법

2부

사랑은
함께 성장하는
것이다

전교 1등보다 좋은 나만의 1등

　이른 아침 루디아의 사무실에는 강철 팀장, 황신중 이사, 이보람 부장, 하온유 팀장과 루디아가 테이블에 빙 둘러 앉아 부서장 회의를 준비하고 있었다. 오전 8시가 되자 회의실의 문이 열리며 체크 무늬 머플러를 맨 남자가 "좋은 아침입니다!" 하면서 들어왔다. 사람 좋아보이는 미소와 중저음의 목소리가 매력적인 로빈 코치였다.
　"먼 길 와주셔서 고맙습니다."
　루디아가 먼저 일어나서 로빈을 맞이했다. 모두 기대에 부푼 얼굴로 로빈 코치를 바라 보았다. 루디아가 말했다.
　"경영자 학교에 다녀온지 벌써 이렇게 시간이 지났네요. 이제서야 로빈 코치님을 저희 회사에 모시게 되었습니다. 경영자 학교를 갈 때만 해도 이 사업을 접어야 하나, 어떻게 정리해야 하나 생각할 정도로 회사가 어려웠습니다. 그런데 저는 그 날 이후 새롭게 사업을 다시 시작할 이유가 생겼습니다. 그래서 돈을 벌기 위한 사업이 아니라 이웃을 사랑하고 섬기기 위한 사업으로 새로운 길을 떠날 수 있게 된 것입니다. 그 날 제가 들었던 가인지경영이 무엇인지 오늘 여러분에게 전하는 시간입니다. 때가 되면 모든 직원들에게 전하는 날도 오겠지요. 여기 계신 분들이 먼저 제가 왜 다시 시작할 마음을 가졌는지, 그리고 우리는 어떻게 해야 하며 무엇을 해야 할지 발견하는 시간 되었으면 좋겠습니다. 오늘은 특별한 분을 모시게 되었습니다. 로빈 코치님을 소개하겠습니다."

루디아의 소개가 끝나자 모두 박수를 치며 로빈 코치를 환영했다. 그는 허리를 굽혀 인사를 하며 말했다.

"오는 길에 새순이 나뭇가지에서 피어나고 있는 걸 보았습니다. 그리고 이곳에 도착하니 여러분의 표정이 마치 새봄의 순처럼 푸르고 청아한 느낌이 듭니다. 행복한 문화를 만들어 가기 위한 노력에 존경을 보냅니다. 루디아 대표님을 통해서 지난 해 엄청난 합창대회들에 대한 이야기를 들었습니다. 아마 모르는 사람이 들으면 왜 그런 일을 하느냐고 묻는 사람도 있겠지요. 소위 돈이 되는 것도 아니고 영업이 되는 것도 아닌데 말이죠. 합창대회라는 눈에 보이는 열매 이전에 새순처럼 피어나는 '가치'를 알아야 공감이 될만한 스토리입니다. 루디아 대표님이 제게 그러더군요. 아침이면 늘 불평과 한탄으로 가득하던 직원들의 입에서 웃음소리가 흘러나오고 행복한 마음으로 일할 수 있게 된 것이 가장 보람된 일이었다고 말입니다. 그런데 올해 초 만두가 맛있어졌다면서 매출이 두 배로 오른 것은 아마 우연이 아닐 것입니다. 행복한 사람이 만드는 만두. 행복한 사람이 행복한 일터를 만들수 있다는 단순한 명제는 이제 여러분이 가장 잘 아실 것입니다. 그 일에 여러분이 증인이니까요. 루디아 대표님의 마음에 가장 중요한 가치, '직원이 행복해야 한다.'는 새순이 있었기에 '맛있는 만두'라는 열매가 있는 것입니다. 여러분께서 중요하게 생각하는 것은 무엇입니까? 모든 일은 이와 마찬가지로 여기서 시작합니다."

로빈 코치는 화이트 보드에 먼저 '가치경영'이라고 썼다.

부서장들은 숨죽이며 이야기를 듣다가 노트에 옮겨 적기 시작했다.

> 가치경영: *고객가치(이웃사랑)를 목적으로 일하는 것

로빈 코치는 다시 몸을 돌려 이야기를 이어갔다. 그는 안경을 한 번 고쳐 쓰고는 부서장들에게 물었다.

"그렇다면 우리는 왜 '*가치'를 먼저 확인해야 할까요?"

그러자 강철 팀장이 손을 번쩍 들고 말했다.

---

* 고객가치: 고객에게 만족과 감동을 주는 것. 고객을 행복하게 하는 것이라는 의미로 통용된다.
* 가치: 우리가 소중하게 여기는 것

"가치는 우리 삶에 나침반 같은 것입니다. 내가 어느 방향으로 가고 있는지 확인할 수 있는 도구죠!"

로빈 코치는 부드러운 미소를 지으며 말했다.

"정확합니다. 강철 팀장님. 우리가 경주를 하다가 손에 바통이 들려 있지 않다면 그 경기에서는 아무리 빨리 달려도 우승을 할 수 없습니다. 목적지에 도착은 했는데 애초에 여길 왜 오려고 했는지 잊어버렸다면 아무 의미가 없어지겠지요. 가치는 우리에게 왜 이것을 하는지 이유를 제공해줍니다."

그는 화이트 보드에 가치경영의 이유에 대해서 써내려갔다.

why

조직과 개인의 존재 목적을 분명히 하는 것이다.

네 이웃을 네 몸과 같이 사랑하라 하신 것이라. (성경)

기업의 존재목적은 고객가치를 창출하는 것이다. (피터 드러커)

"이번에는 여러분에게 마이크를 넘기겠습니다. 우리는 어떻게 가치경영을 실천할 수 있을까요? 모두 생각해 보신 후에 앞에 나와서 하나씩 써주세요."

로빈 코치의 말에 부서장들은 모두 골똘히 생각하더니 한사람씩 화이트 보드에 적어 내려갔다.

how

이윤을 포기할 수도 있는 가치를 갖는 것이다.

고객과 이웃을 섬기는 것을 최우선 원칙으로 삼고 일한다.

조직의 핵심가치(비전/미션/스피릿)을 정하고 구성원 모두가 따른다.

구성원들이 자부심을 갖는 차별화된 문화를 만들고 수호하는 것이다.

고객이나 파트너들과 함께 할 수 있는 가치를 갖는다.

"정말 훌륭합니다! 지금까지 여러분이 삶으로 보여준 것들을 이렇게 칠판에 정리해 놓으니 멋지네요. 사진을 찍어서 보관해 두는 게 좋겠습니다."

로빈 코치의 말이 끝나기가 무섭게 강철 팀장은 화이트 보드에 기록된 글을 사진으로 찍었다. 로빈 코치는 칠판을 지운 뒤에 다시 말을 이어갔다.

"두 번째는 '인재경영'입니다."

로빈 코치가 칠판에 '인재경영'이라고 쓰고 설명을 시작하려고 하자 보람이 손을 번쩍 들었다. 로빈 코치는 보람에게 발언권을 준다는 손짓을 했다.

"코치님, 인재경영은 뭔지 알것 같습니다. 사람을 성장하도록 돕는 것 아닌가요?"

로빈 코치는 친근하게 웃으며 수긍했다.

"보람 부장님은 이미 인재경영의 정의를 정확하게 알고 계시군요. 제가 얼마전 루디아 대표님과 대화중에 한만두의 핵심 키워드가 무엇이냐고 물었더니 '함께 성장하는 것'이라고 하시더군요."

인재경영: 함께 성장하는 것

로빈 코치는 루디아에게 한만두가 성장을 특별히 중요하게 여기는 이유를 이야기해달라고 요청했다. 그러자 루디아가 자리에서 일어나 말했다.

"한만두가 '성장'을 중요하게 여기는 이유는 성장이 사랑의 꽃이라고 생각하기 때문입니다. 예전에 예수님이 소경의 눈을 뜨게 해주었던 이야기를 들은 적이 있습니다. 앞을 못 보는 사람들이 앞을 보게 된 이후에 기쁨은 말할 수 없이 컸을 것입니다. 그러나 저는 일터에서 여러 가지 일을 겪으며 엉뚱하게도 그런 상상이 들었습니다. 눈을 뜬 사람들은 다 어디로 갔을까? 무슨 일을 하고 있을까? 앞을 보지 못하던 시절에 앉아서 구걸하던 옛 습관을 버리고 힘차게 앞을 보며 살아갈 수 있었을까? 도로 눈을 감고 살던 데로 살지는 않았을까 하고 말이죠. 사람은 자신의 한계에 빠져서 더 이상은 나아지지 않는 삶으로의 유혹에 약한 존재라는 생각이 들었습니다. 그래서 저는 우리 직원들이 일터에서 자신이 가진 잠재력을 마음껏 발휘하면서 매일의 삶을 기쁘게 살아가기를 바랍니다. 서로 사랑하면서 말이에요."

 루디아는 이야기를 마치고 자리에 앉았다. 로빈 코치는 엄지 손가락을 들어 올리며 칠판에 인재경영의 이유를 적어 내려갔다.

why

사람은 수단이 아니라 목적이기 때문이다.

실력을 갖추는 것은 인생의 가장 큰 버팀목이 되기 때문이다.

조직의 유일한 정당성은 각 사람의 강점을 극대화하고 약점을 무력화하는 것이다. _피터 드러커

로빈코치는 루디아에게 보드마커를 내밀며 말했다.

"이번에는 루디아 대표님께서 인재경영의 방법에 대해서 작성해 주

시지요."

루디아는 테이블 앞쪽으로 걸어와 로빈코치가 내민 마커펜을 받아들었다. 칠판 앞에서 잠시 고민하던 루디아는 하나씩 또박 또박 적어나갔다. 쓰다가 지우고 다른 표현으로 바꾸기도 하다가 기록을 마치고 펜의 뚜껑을 닫았다.

how

조직의 우선순위에 공감하도록 중요성을 전한다.
강점이 발휘될 수 있는 도전적인 일을 부여한다.
서로 비교하지 않고 각자 자신의 능력을 견고하게 한다.
즐거운 분위기를 만든다.
성장의 행복을 맛보도록 도와준다.

로빈코치가 생수를 한모금 마신 후 루디아에게 물었다.
"한 번 작성 해보시니까 어떠신가요?"
"그동안 생각해왔던 것이 정리가 되니 명료해졌습니다. 무엇부터 시작해야 할지도 좀더 고민해보게 되네요."

루디아는 다시 노트와 펜을 손에 들고 자리에 앉았다. 강철 팀장은 골똘히 생각하다가 갑자기 생각났다는 듯이 사진기 어플을 열었다. 칠판의 글씨가 잘 담기도록 조정을 한 뒤에 사진을 여러장 찍었다. 그러더니 로빈코치와 루디아, 멤버들이 앉아있는 모습도 차례로 사진에 담았다.

"강팀장님, 왜 갑자기 사진을 찍고 그러세요. 오늘 화장도 안했는데."

보람은 강팀장을 타박하면서도 양손으로 볼을 감싸며 포즈를 취했다.

"오늘이 우리들에게 역사적인 날이 될 것 같아서요."

강팀장은 허허 웃으며 탁자 위에 휴대폰을 내려 놓았다.

"말이 나온 김에 단체 사진 한 번 찍으시죠! 다 여기 보세요."

로빈코치는 칠판 앞에 서서 휴대폰을 번쩍 들어올린 후 자신의 얼굴이 보이도록 한 후에 셔터를 눌렀다. 알록달록한 기쁨과 즐거움이 사진 안에 고스란히 담겼다.

"학교 다닐 때도 공부하는 시간이 이렇게 즐거웠으면 전교1등도 했을 것 같아요."

온유는 입을 가리며 호호 웃었다.

"온유 팀장님은 지금 전교1등이에요. 한만두 1등. 꼼꼼함 1등!"

루디아의 말에 온유는 얼굴까지 발그레하며 함박 웃음을 지었다. 로빈 코치는 박수를 치며 말했다.

"바로 그겁니다. 남과 비교가 아닌 자신의 영역에서 1등이 되는 것이지요! 그게 바로 인재경영의 핵심입니다. 남과 비교하며 경쟁하는 것이 아니라 '함께 성장하는 것'이지요! 자, 다음으로 이 기세를 몰아 넘어가 봅시다."

로빈코치는 칠판의 글씨를 단숨에 모두 지웠다. '지식경영'이라고 선명하게 적었다.

지식경영: 정직한 방법으로 좋은 결과를 내는 것

로빈코치가 판서를 하는 동안 신중이 손을 번쩍 들었다.

"코치님! 이건 좀 어려운데요. 지식경영이라는 말이 잘 와닿지 않습니다. 또 궁금한 것은 지식경영을 해야 할 이유와 하지 않으면 어떻게 되는지 알고 싶습니다."

"아, 황이사님. 좋은 질문을 주셨습니다. 지식경영은 한 마디로 말하면 자신의 일에서 좋은 결과를 낼 수 있는 정직한 방법을 찾아가고 전수하는 것입니다. 예를 들어 만두 속 배합을 한다고 가정해 봅시다. 어떨 때는 만두가 맛있고, 어떨 때는 좀 간이 안 맞는다면 품질 유지를 하지 못한 것이겠지요? 품질이 항상 같은 수준을 유지하게 하려면 어떤 방법으로 일해야 할지 발견해가는 것입니다. 모든 영역에서 가장 좋은 결과를 내는 방법이 존재할 것입니다. 우리는 그것을 찾아가는 탐험대와 같습니다."

로빈코치는 말을 마친 뒤 지식경영의 이유를 적었다.

why

운이나 속임수에 의한 성과를 기대해서는 안 된다.
진정한 성과는 이 세계에 담긴 창조의 지식을 발견하는 것이다.
왜곡과 중독으로부터 이 세계를 회복하는 것이다.

"우리가 좋은 가치를 갖고 성장의 노력을 한다고 해도 실력을 갖추지 못한다면 어떨까요? 좋은 상품을 만들지 못한다면요? 그게 바로 지식경영을 해야 할 이유입니다."

루디아는 로빈의 말이 끝나자 고개를 끄덕이며 말했다.

"맞아요. 우리는 모두 영성과 더불어 지성도 갖춰야 합니다. 월요일부터 금요일까지의 삶이 중요하죠. 생각해보면 한 번뿐인 인생인데 그 소중한 시간의 대부분이 일터잖아요. 일터에서의 삶이 자신이 가진 꿈과 성장의 중요한 무대라는 것을 잊지 않아야 해요."

루디아의 이야기를 골똘히 듣고 있던 강팀장은 앞으로 뚜벅 뚜벅 걸어가 지식경영의 방법을 쓰기 시작했다. 강팀장이 칠판에 적는 동안 사람들은 조용히 지켜보았다.

"제가 생각했을 때 우리가 바로 적용할 수 있는 방법은 이렇게 표현하면 좋을 것 같습니다."

강팀장은 칠판에 펜을 내려놓은 뒤 자리로 돌아와 앉았다.

how

맡은 일을 더 잘할 수 있는 방법을 찾는다.

지식을 발견해 가는 탐험가의 자세를 갖는다.

각자의 지식을 동료들과 나눈다.

조직의 문제를 함께 해결하고 기회를 만들어 간다.

했던 실수를 반복하지 않는다.

"강팀장님, 훌륭합니다. 오늘 세 가지의 방향성에 대한 이야기를 나눠보았습니다. 지도로 따지면 세계지도를 함께 그려본 것이지요. 이제 우리 각 나라의 주요 도시와 산맥을 그려가 볼 차례인데요. 이미 합창대회로 행복한 문화를 잘 만들어가고 계시니 성장을 위한 실천사항을 하나만 먼저 정해본다면 무엇일까요?"

로빈코치는 루디아를 바라보았다. 루디아는 새까맣게 적어놓은 자신의 노트를 들여다보며 생각에 잠겼다. 적막이 잠시 흐른 후 루디아는 입을 열었다.

"독서입니다. 책을 읽는 것부터 시작해야겠습니다. 누구라도 우리 회사에 온 사람은 책을 읽을 수 있게 하겠습니다. 그걸 통해 삶이 바뀐 사람들이 무수히 나오길 바래요."

"좋습니다. 오늘 여러분께서 스스로 이끌어 가신 수업은 훌륭했습니다. 오늘 아침 양주시에서 가장 뜨거운 현장이 아니었을까 생각합니다. 오늘 모임은 여기서 마치겠습니다. 서로를 향해 박수치고 마무리하겠습니다."

만두 반죽을 빚던 손으로 책장을 넘기다

용희는 점심을 먹은 뒤 무심결에 생수대의 버튼을 눌렀다. 컵 안으로 맑은 물이 차르르 쏟아졌다. 물을 한 모금 꼴깍 삼키는 순간, 지난주 독서 모임 때 읽었던 책에 나온 내용이 생각났다. 멀리 있는 다른 나라에서는 맑은 물이 없어서 아이들이 더러운 물을 마시고 병에 걸려 고통을 겪는다는 내용이었다. 용희는 그 아이들이 먹을 물도 없고, 씻을 물도 없는 것이 가엽게 느껴졌다. 한국에 온 뒤로 지나치게 풍족한 삶을 누리고 있는 사람들의 모습을 보면서 여러 가지 생각이 들었던 참이었다.

한국의 도시 서울이 누리는 호사들은 상대적으로 덜 가진 사람들, 가지지 못한 사람들에게 뼈아픈 박탈감을 안겨주었고 그렇게 사람들은 서로가 서로를 비교하며 자신의 불행에 대해서 확신하고 있었다. 용희는 서울에 와서 사는 동안 '이 정도면 족하지.' 하고 생각해 본적이 없었다. 북한에서의 삶은 생존의 기본조차 보장받지 못하는 처절한 삶이었다고 생각했는데 여기서는 그저 하루 세끼 먹을 수 있다는 것만으로는 만족할 수 없었다. 이 사회에서 소외되고 싶지 않았지만 도무지 그들을 따라잡을 방법은 보이질 않았기 때문이다. 같은 얼굴, 피부색, 같은 언어를 쓰는데도 그들은 자신을 외국인보다 차갑게 대했고 친구가 될 수 없었다.

그런 용희가 자기 자신이 아닌 다른 사람을 가엾게 여긴 것은 처음이었다. 생수컵을 든 채 한참을 그 자리에 돌 비석처럼 움직이지 않았다. 낯선 기분이긴 했지만 행복했다. 돕고 싶었다. 어려운 사람들을 도울 수 있는 사람이 되고 싶었다. 그런 생각을 하고 있는 지금 이 순간이 소중하다는 생각이 들었다.

"용희, 여기서 뭐해?"

어깨를 두드리며 얼굴을 들여다보는 사람은 보람이었다. 보람은 회사에서도 다른 사람의 마음과 상태에 관심이 많았다.

"보람 부장님. 저 사장님과의 인재미팅 또 언제 하는 거예요?"

"오오. 용희가 사장님과의 인재미팅이 좋았구나! 때마침 그 얘기도 하려고 했는데. 오늘 오후 네 시 어때? 사장님이 때마침 다른 미팅이 취소되셔서 말이야."

"네! 그러면 제가 오후 네 시에 사장님 사무실로 찾아갈게요."

용희는 생산실로 들어가기 전 위생실에서 손을 씻고 작업복의 먼지를 닦아냈다. 신발을 갈아 신으며 자기도 모르게 콧노래가 나왔다.

"용희가 오늘 좋은 일이 있나보네. 노래를 다 부르고 말이야."

"그러게. 용희가 이렇게 기분 좋아 보이는 건 처음이네."

아주머니들은 저마다 한 두 마디씩 했다. 용희는 그런 관심이 따뜻하게 느껴졌다.

'생각해보니 혼자가 아니었어. 이렇게 가족처럼 따뜻한 사람들이 있는걸….'

용희는 일을 하면서도 주변을 살폈다. 도울 일이 있는지 살펴보며 가서 거들며 사람들의 농담에 웃기도 했다. 시계를 보니 어느덧 오후 네 시가 가까워졌다. 기다렸다는 듯이 한 달음에 루디아의 사무실로 달려갔다.

–똑똑.

용희는 루디아의 사무실 문을 두드렸다. 문을 열고 들어가니 향긋한 라벤더 향이 포근하게 다가왔다. 루디아는 미소를 지으며 용희에게 자리에 앉으라고 권했다. 용희는 두 손을 모으고 루디아에게 허리를 굽혔다.

"사장님, 독서 모임을 하게 해주셔서 감사합니다!"

루디아는 웃으며 말했다.

"오늘 용희가 인재미팅을 기다렸다더니 그 말이 하고 싶어서 그런거예요? 이리 와서 앉아요. 오늘이 두 번째 만남이네요. 책을 읽으니까 좋은 일이 많이 일어나죠?"

루디아는 코끝이 시원해지는 페퍼민트 차를 용희에게 건네 주었다. 용희는 차를 호호 불며 손으로 컵을 감쌌다.

"저는 한국에 와서 여태까지 제 발끝만 보면서 살았던 것 같아요. 갖지 못한 것, 할 수 없는 일들, 해결되지 않는 문제들에 휩싸여서 그 이외에 다른 세상이 있다고 생각해 본적이 없어요. 그런데 책을 읽으면서 제 생각이 전부가 아니라는 것을 알게 되었어요. 그걸 알게 된 것이 가장 큰 보물이에요. 그제서야 배울 마음이 생겼으니까요. 오늘 낮에는 처음으로 누군가를 돕고 싶다는 생각이 뜨겁게 솟구쳤어요. 나는 도움을 받아야 할 사람이라고 생각했는데 누굴 도울 수도 있고, 또 돕고 싶어지다니. 갑자기 부자가 된 느낌이었어요. 그래서 사장님께 감사를 드리고 싶어요. 지난번에 사랑은 '이유'를 찾는 것에서 시작하는 것이라고 하셨죠? 저에게도 이유가 생겼어요. 저도 다른 사람들을 위해서 할 수 있는 일들을 찾을 거예요. 사장님이 그러신 것처럼요."

용희는 쉬지 않고 이야기했다. 폭포수처럼 말을 쏟아내며 눈시울이 붉게 물들었다. 루디아의 눈에도 이슬이 맺혔다.

"용희가 그렇게 생각해줘서 기뻐요. 정말 기뻐요. 처음 독서 모임을 시작할 때가 떠오르는군요. 오늘 용희에게 해줄 사랑에 관한 두 번째 이야기와도 관계가 있을 테니 함께 이야기를 나누도록 하죠. 제가 두 번째로 해주고 싶은 이야기는 '성장'이에요. 사랑은 함께 성장하는 것이랍니다. 여기서 주의할 점은 남과 나를 비교하려는 유혹을 이겨내야 한다는 점이에요. 우리는 본능적으로 남과의 비교를 통한 우월감, 혹은 열등감에 빠지기 쉬워요. 그렇지만 사랑은 남과의 비교가 아닌 내가 지금 달리는 레일위에서 최선을 다해서 뛰고 서로를 격려해줄 때 빛이 나는 거랍니다."

용희는 분홍색 노트에 루디아의 이야기를 한마디도 놓치지 않으려는 듯이 써내려갔다.

"처음 회사에서 독서모임을 할때만 해도 지금처럼 멋진 생산실이 따로 있는 게 아니었어요. 원룸같이 작은 공간에 식탁 3개를 붙여서 만두피를 밀고 만두를 싸고 찌고 식혔죠. 그야말로 손에 밀가루 반죽 묻어있는 직원들에게 책을 손에 들려주고는 바닥에 쪼그리고 앉아 책을 읽었으니 지금 생각하면 어떻게 했나 싶어요."

루디아는 생각에 잠긴 듯 잠시 말을 멈췄다. 용희는 궁금한게 있다는 듯이 눈을 동그랗게 떴다.

"독서 대회도 하셨다고 들었는데 누가 1등을 한거예요?"

*

독서 대회 최우수상을 발표하는 날이었다. 열명 남짓의 직원들은 저마다 한 달 월급만큼의 상금이 걸린 독서대회에 열정이 뜨거웠다. 심사를 위해 독서 후기를 살펴보던 루디아는 '최분례' 사원의 과제를 받아들고 고개를 갸우뚱했다. 모두 과제를 하나만 냈는데 '최분례' 사원의 과제는 두개였기 때문이다. 게다가 또 하나의 과제에는 지렁이가 기어가는 것 같은 구불구불한 글씨로 띄어쓰기도 제대로 되어 있지 않은 채 신약성경의 내용이 적혀 있었다. 루디아는 그녀를 찾아가 자초지종을 들었다. 직원들은 독서대회 시상식을 하기 위해 모두 한자리에 모였다.

"여러분, 독서대회를 위해서 열심히 책을 읽고 멋진 독서 후기를 제출 해주셔서 고맙습니다. 전문 작가가 쓴 글처럼 멋진 글도 많이 있더군요. 여러분의 실력을 다시 봤습니다. 그런데 저는 오늘 가장 특별한 독후감을 내주신 분께 최우수상을 드리려고 합니다. 여러분도 아시다시피 우리 동료들 중에는 글자를 쓰고 읽을 줄 모르는 사람도 있습니다. 그런데 딸에게 책을 읽어달라고 부탁해서 책을 모두 귀로 읽은 후에 다시 독후감을 딸에게 불러주어서 독후감을 써온 분이 계세요. 그분이 하나 더 과제를 내서 이유를 물었더니, 모두 자신이 직접 읽고 직접 썼는데 글자를 모른다는 이유로 딸에게 부탁해서 작성을 한 것이 하도 미안해서 성경을 펴놓고 스스로 옮겨 적었다고 하시더군요. 대학교를 나와서 책을 읽고 멋진 글을 쓰는 것도 좋지만 그렇게 할 수 없는 상황에서 열 배는 더 노력해주신 최분례 사원에게 최우수상을 드리고 싶습니다."

루디아는 최분례의 손을 덥썩 잡았다. 마디가 굵고 굳은살로 빼곡한

거친 그녀의 손이 가늘게 떨리고 있었다.

"아이고. 제가 이 상을 받아도 되나요? 저는 그저 뭐든지 끝까지 최선을 다해야 한다는 것을 실천하고 싶었을 뿐인데…. 1등을 할만큼 잘한건 아닌데. 미안해서 어쩌나."

최분례의 눈에는 눈물이 가득 고였다. 직원들은 눈시울이 저마다 붉어져 박수를 치기 시작했다.

"자격 충분합니다!"

"최분례! 최분례!"

직원들은 그녀의 이름을 연호하며 환호를 했다. 루디아는 준비한 상금과 상장을 그녀에게 안겨 주었다.

"태어나서 상이라는 것을 처음 받아봅니다…."

최분례는 말을 잇지 못했다.

루디아는 용희에게 그날의 이야기를 들려주었다. 그렇게 시작한 독서 문화라서 그런지 한만두에는 지금껏 책 읽는 문화가 건강하게 뿌리내려 있다는 말도 잊지 않았다.

"사장님, 이제부터 책 읽을 시간이 없다는 말은 함부로 할 수 없을 것 같아요. 글자를 모르는 분도 글을 읽었으니까요."

루디아는 따뜻한 미소를 지으며 대답 대신 용희의 등을 쓰다듬어 주었다.

사랑의 여전사들과의 점심식사

 용희는 아침부터 탈의실 앞에서 생산실의 아주머니들과 함께 휴대폰에 저장해둔 사진을 보는데 여념이 없었다.
 "세상에. 오늘 이렇게 멋진 데를 간단 말이지?"
 "이야…. 엄청 비싸 보이는데."
 "네. 오늘 여기서 사장님이랑 같이 점심 먹고 오후에는 연극도 보러 간대요."
 용희는 휴대폰을 사물함에 집어넣으며 해맑게 웃었다. 오늘은 용희가 입사한 지 1년이 되는 날이었다. '연차미팅'이라고 부르는 사장님과의 데이트는 같은 연차 직원들끼리 나들이를 가는 직원들의 축제 중 하나였다. 입사 후 처음으로 가는 연차미팅에 용희는 한껏 들떠 있었다.

이미 연차미팅에 다녀온 직원들에 의하면 좋은 시간이었다는 소문이 나 있기 때문이었다. 드디어 점심시간이 다가왔다. 용희와 같이 연차미팅에 참석하는 입사 동료들은 함께 탈의실로 향했다.

미끄러지듯 고속도로를 빠져나간 차가 멈춘 곳은 도심의 빌딩 숲이었다. 번쩍거리는 건물 사이에서도 가장 빛나는 '네이처 캐슬' 레스토랑이었다. 이곳은 반도체 사업을 하던 IT기업이 식물재배 사업으로 과감하게 업종 변경을 하면서 유명해진 곳이었다. 용희는 뉴스에서만 보던 건물에 직접 들어와 보니 입이 다물어지지 않았다.

"사장님, 여기는 뉴스에 나왔던 그곳 아닌가요? 유기농 기법으로 채소를 길러서 씻지 않고 먹어도 된다고 했던 유명한 그곳…."

"네, 맞아요. 요즘은 많은 벤처 기업들도 농업을 새롭게 혁신하는 아이디어에 관심이 많죠."

"저도 뉴스에서 봤어요. 시간이 되면 알아서 물을 주는 화분도 있더라구요."

투명한 엘리베이터가 위로 올라가기 시작하자 직원들은 모두 환호성을 질렀다. 화이트 계열의 건물이 햇빛을 받아 반짝이고 있는 모습이 장관이었다.

층마다 하얀색 멸균복을 착용하고 다니는 직원들의 모습도 보였다. 레스토랑은 맨 위층이었다. 문이 열리자 매니저가 직원들을 맞이했다.

"반갑습니다! 여기는 '네이처 캐슬' 레스토랑입니다. 숙녀분들을 환영합니다. 이쪽으로 오셔서 앉아 주세요."

매니저는 하얀 레이스로 덮여 있는 테이블을 가리켰다. 잠시 후 매니저는 방울 토마토와 신선한 초록 야채가 가득 담긴 샐러드를 가지고 왔다.

"저희 레스토랑에서는 100% 유기농으로 재배된 깨끗한 식재료를 사용하고 있습니다. 저희 식재료는 특수한 질병을 앓고 있어서 야채를 복용해야 하는 환자들에게도 공급되는 유일한 청정 채소로 고객들에게 맛과 멋, 그리고 건강까지 선물한다는 자부심을 가지고 있습니다. 즐거운 식사 되시길 바랍니다."

직원들은 휴대폰을 꺼내어 그릇과 음식, 레스토랑의 인테리어 곳곳을 사진에 담았다. 용희는 그녀들의 소녀 같은 미소가 좋았다.

"그릇만 찍지 마시고 여기 보세요."

용희는 휴대폰을 들이대며 말했다. 직원들은 루디아와 사진을 찍고, 음식을 입에 넣고는 입안 가득 퍼지는 담백하고 정갈한 맛에 감탄했다.

식사가 끝날 무렵, 루디아가 말했다.

"회사에 제안하고 싶은 것이 있거나 배우고 싶은 것이 있으면 편하게 말씀해주세요. 회사에서 진행하는 여러 프로그램들에 대한 피드백도 좋아요."

"저는 처음에는 '사랑합니다.' 하고 인사하는 것이 정말 힘들었어요. 그런 낯간지러운 소리를 다들 어쩜 그렇게 잘하시는지…. 그런데 지금은 익숙해져가고 있어요. 동료들이 가족처럼 느껴져요."

용희가 수줍게 말했다. 옆자리에 앉은 김반장은 통통한 손으로 자신의 뽀글뽀글한 머리카락을 만지작거리며 용희를 보다가 자신도 문득 생각이 났다는 듯이 말했다.

"맞아요! 우리가 언제 사랑한다는 말 들어보겠어요. 집에서도 못 듣는 말인데. 회사 꽃미남들이 생그러운 얼굴로 그렇게 말해주니 고마울 따름이죠."

김반장의 말에 직원들은 와하하! 하고 웃었다. 용희는 눈시울이 뜨거워졌다. 그래도 혼자 울면 우스워질 것 같아 눈물을 보이지 않으려고 아랫입술을 힘껏 깨물었다. 김반장이 창밖을 한 번 쳐다보더니 추억에 잠긴 듯 말했다.

"저는 회사가 학교 같아요. 박대리가 기타치는 법도 가르쳐주고, 요리 만드는 법 배우는 모임도 있고 말이죠. 나도 어릴 적에 중학교 가고 싶었는데 그때 동생들 학교 보낼 욕심에 국민학교 졸업 하자마자 공장에 나갔죠. 그땐 어렵다, 힘들다, 이런 것도 몰랐어. 그냥 매달 월급 받으면 동생 공책 사주고 가방 사줄 생각에 신나기만 했지. 어디서 맛있는 음식이라도 생길라치면 우리 오빠는 그걸 먼지도 안남기고 다 먹고 들어오는데 나는 그걸 하나도 못먹었어. 동생들 먹고 싶을까봐. 집에 가져와서 다 나눠먹었지. 그래도 교복 입고 학교가는 친구들 보면 부럽더라고. 나는 부끄러워서 숨었어. 어린 나이에 학교를 안 가는 게 너무 창피하더라구."

"억울하지 않으세요? 그렇게 자기 인생도 없이 가족들을 위해서···. 평생."

용희는 자기 일인양 주먹까지 불끈 쥐며 물었다.

"억울하긴? 어차피 한 번 사는건데 나만 생각하며 사는 게 뭘 더 행복하려구? 원래 사랑은 받는 것보다 주는 게 제 맛이란 말도 있잖여."

김반장의 얼굴은 주름으로 가득했지만 백옥같이 하얀 피부였다. 용희는 사람에게도 향기가 있다는 생각이 들었다. 그녀들의 삶에서는 들꽃처럼 소박하고 순수한 향기가 났다. 테이블에 둘러앉은 루디아, 김반장, 직원들의 얼굴을 하나씩 둘러 보았다. 이들은 '사랑의 여전사들' 같았다. 루디아는 고개를 끄덕이며 김반장의 손을 꼬옥 잡았다.

"지난번 진행했던 명사 초청 특강은 이제 매달 진행하려고 해요. 여러분은 어땠어요? 직원들은 다들 어떻다고 하던가요?"

루디아의 질문에 용희가 말했다.

"저는 회사에서 매달 한 번씩 명사 초청 특강을 듣는 게 너무 좋아요. TV에서 보던 사람들을 만나니까 좀 신기하기도 하구요. 그런데 사장님은 왜 회사에서 명사 초청 특강을 해야겠다 생각하신 거예요?"

용희는 궁금하다는 듯이 물었다. 루디아는 활짝 웃으며 말했다.

"책을 읽는데 그 책 제목이 뭐였더라···. 〈주식회사 장성군〉이라는 책이었는데 낙후된 어떤 지역에서 지역을 살리기 위해서 외부의 전문

가를 초빙해서 교육을 지속했더니 지역이 살아났다고 하더군요. 눈이 오나 비가 오나 지속했던 그 공무원이 참 멋지단 생각이 들었죠. 저는 우리 직원들이 성장해야 한다고 생각해요. 그게 최고의 사랑이라고 생각하니까요."

용희는 가방에서 분홍색 노트를 꺼냈다. 어느새 분홍색 노트는 용희에게 뗄 수 없는 물건이 되었다. 명사 초청 특강의 좋은 이야기도 기록하고 읽고 싶은 책이 생기면 반드시 메모를 해두었다.

"사랑은 받을 때보다 줄 때가 제 맛이다."

 "사랑은 그의 발전을 돕는 것이다"

박대리와의 데이트

"용희씨! 용희씨!"

용희는 이어폰을 빼고 걸음을 멈췄다. 박대리가 숨을 헐떡거리며 말했다.

"그렇게 불렀는데…. 헥헥. 아이고 숨차. 걸음이 왜 그렇게 빨라? 도대체 음악을 얼마나 시끄럽게 듣길래 그렇게 못 듣는 거야. 헥헥. 아고."

박대리는 무릎에 손을 얹고 허리를 굽혀 숨을 몰아 쉬었다.

"음악…. 안 듣는데. 무슨 일이세요?"

"주말에 별일 없으면 데이트 좀 하자고."

"네?"

용희는 귀를 의심했다. 얼굴이 화끈거리고 귀가 빨개졌다. 목소리가 목안에 잠겨서 아무 말도 할 수 없을 것 같았다. 휘청거리지 않으려고 양손으로 팔뚝을 꼭 잡았다. 당혹감으로 굳어버린 용희는 아랑곳없이 박대리는 가슴을 쓸어내리며 "아. 예전엔 한시간을 뛰어도 끄떡 없었는데 나이가 들었나." 하며 혼잣말을 중얼거렸다.

박대리는 송주임의 부탁을 받고 어느 여직원의 집에 가야 하는데 자신이 남자라서 혼자 가기 좀 민망하다며 같이 가달라고 했다. 여직원은 이혼 후 젊은 나이에 두명의 어린 딸을 키우고 있는 신입사원이었는데 매주 주말마다 송주임이 아이들을 자신의 집에 데려다가 하루 종일 숙제를 도와주고 책도 읽어주며 돌봐주고 있었다. 아이들은 벌써 '송이모'라고 부르며 송주임을 따를 정도였다. 한만두에는 신입직원과 기존 직원과의 일대일 멘토 제도가 있었는데 송주임이 지극정성으로 신입사원을 도와주고 있었다는 게 박대리의 설명이었다.

"박대리님은 참 알쏭달쏭한 분이세요. 누가 무슨 부탁을 해도 거절하시는 법이 없네요."

"송주임이 남편 회사에서 가족 모임이 있다고 부탁을 하니까…. 우리가 가서 도와주자."

용희는 애교스럽게 웃으며 쳐다보는 박대리와 눈이 마주치자 고개를 돌렸다. 같이 가는 것은 어렵지 않았지만 왠지 모를 실망감이 얼굴에 그대로 드러날까봐 무서웠다.

"하루 안 도와준다고 무슨 일이 일어난대요? 자기 아이들이니까 자기가 잘 보겠죠!"

용희는 뾰루퉁하게 말했다.

"아니, 그게. 그분이 몇 달동안 주말마다 단기 아르바이트를 하고 있었나봐. 한만두에 입사했는데 사정이 있어서 아직 주말마다 거길 가야 하나 보더라구. 그럼 아이들을 돌봐 줄 사람이 없잖아."

박대리는 아예 용희의 팔을 잡아당기며 애원하기 시작했다.

"아이들이 예쁜 언니가 왔다고 좋아할거야. 응?"

"알았어요! 그럼 내일 봬요!"

용희는 팔을 서둘러 빼며 고개도 돌리지 않은 채 대답하고는 빠른 걸음으로 지하철 역 안으로 들어갔다. 박대리는 멀리서 "고마워!" 하며 두 팔을 좌우로 흔들었다.

토요일 아침, 용희는 휴대폰의 길 찾기 어플을 켰다. 박대리가 전날 알려준 주소로 찾아가니 작은 원룸이 좁은 골목을 사이에 두고 촘촘히 들어서 있는 빌라촌이었다. 용희가 지나가자 쓰레기통을 뒤지고 있던 고양이가 파다닥 도망갔다. 길에는 온갖 쓰레기가 뒤엉켜 나뒹굴고 자동차가 들어올 수 없이 좁은 길에 억지로 주차를 한 자동차들 때문에 한껏 벽에 붙어서 겨우 지나갈 수 있을 정도였다. 그녀의 집은 엘리베이터가 없는 건물의 5층이었다. 숨이 턱까지 차올랐다. 계단은 거뭇한 때가 까맣게 묻어 있고 전등은 거의 다 깨져서 어두운 밤에는 다니지 못할 것 같았다. 현관문을 두드리자 작은 여자아이가 문을 열어 주었다. 아이는 눈을 동그랗게 뜨고 용희를 뚫어지게 쳐다 보았다. 아이의 엄마는 제대로 빗지도 않은 엉클어진 머리로 외투를 서둘러 입으며 용희를 맞으러 나왔다.

"송주임님께 말씀 들었어요. 쉬는 날에 너무 죄송하고 감사해요."

그 때 현관문이 열리며 박대리가 들어왔다. 한손에는 피자 상자를 들고 한손에는 과자와 식재료가 잔뜩 들어있는 커다란 봉지가 들려 있었다.

"안녕하세요! 얘들아 안녕! 어? 용희 일찍 왔네."

아이들의 엄마는 박대리에게도 용희에게 했던 인사를 똑같이 하며 잘 부탁한다는 말을 남긴 채 서둘러 밖으로 나갔다.

"얘들아! 삼촌이 책 읽어줄까? 짠! 맛있는 피자도 있다!"

여섯 살 남짓한 어린 여자아이는 밝게 웃으며 달려왔지만 아홉 살 정도가 되어 보이는 큰 아이는 경계의 눈빛을 풀지 않았다. 박대리는 팔을 걷어 부치고 씽크대에 쌓여 있는 설거지를 능숙하게 한 다음 아이들에게 피자를 먹이고 양치를 도와주었다. 세수도 시켜주며 로션도 발라주는 것이 하루 이틀 해본 솜씨가 아니었다. 어느새 큰 아이도 박대리 옆에 바짝 붙어서 박대리가 읽어주는 책을 열심히 들었다. 용희도 아이들의 머리를 빗겨주고 묶어주며 빨래를 세탁기에 돌리고 건조대에 있는 수건을 가지런히 접어 두었다.

해가 지고 이른 저녁이 되자 아이들은 곤히 잠이 들었다. 아이들의 엄마는 집에 들어와 허리를 숙여 감사인사를 연거푸했다. 박대리와 용희는 집을 나오며 말없이 골목을 걸었다.

"오늘 힘들었지? 수고 많았어."

"박대리님도요."

"그런데 송주임이 왜 자기 집에 아이들을 데려가 돌봐 주는지 알겠다. 물론 송주임은 자기 가정이 있으니까 그랬겠지만 좁은 집에서 하루 종일 아이들과 같이 있다는 게 참… 보통일이 아니네…. 여긴 그 흔한 놀이터도 하나 없네."

박대리는 장난기가 쏙 빠진 얼굴로 말했다. 달빛이 어스름하게 그의 얼굴을 훑고 지나갔다.

주말이 지난 월요일 아침, 회사에는 뭔가 긴장의 분위기가 감돌았다. 사람들은 마치 스파이 영화라도 찍는 것처럼 서로 눈짓으로 말을 주고받았다. 용희는 박대리에게 물었다.

"오늘 무슨 일 있어요? 다들 뭘 숨기는 것 같아요."

박대리는 용희 손을 덥썩 잡더니 복도 구석으로 데리고 갔다.

"일대일 멘토 활동을 제일 잘한 사람을 오늘 시상하는 날인데 송주임이 상을 받게 되었어. 그런데 송주임이 공개적으로 발표하기 전에 한

가지 부탁을 하더라고. 우리가 그저께 갔던 집 있잖아. 거기 큰딸이 이제 책상이 필요한데 상금으로 그 집에 책상을 놔주고 싶다고 말이야. 깜짝 이벤트라서 다들 쉬쉬하는 거야."

"어떻게 집주인 허락도 없이 책상을 놔줘요?"

"다 방법이 있지. 송주임이 아이들에게 줄 물건이 있다고 집에 잠시 두고 오겠다고 열쇠를 받았나봐. 애들 엄마는 지금 일하고 있으니까 꿈에도 모르겠지. 책상 옮기러 이따가 나도 가봐야해. 송주임은 벌써 미리 가서 집 정리도 싹 해놨다고 하더라고. 애기들 정말 좋아하겠지?"

박대리는 여태까지 본 것 중에서 가장 신나 보였다. 남의 일이 저렇게 좋을까 싶었지만 용희도 아이들의 맑은 눈빛이 떠오르자 기분이 좋아졌다.

"저도 도울게요!"

용희는 지난 주말 자신의 무릎을 배고 잠이 들었던 아이들의 고운 이마와 사랑스러운 볼이 떠올랐다. 아이들이 깡총깡총 뛰며 기뻐할 생각을 하니 그 명장면을 놓치고 싶지 않았다. 사랑을 받는 것보다 사랑을 주는 것이 제맛이라던 말이 귓가에 맴돌았다.

 "사랑은 대가없이 주는 것이다."

박대리와의 데이트

따뜻한 집에서 살고 싶은 사람들

강팀장은 졸린 눈을 비비며 커피 머신의 버튼을 눌렀다. 커피향이 뜨거운 김을 뿜어내며 컵에 가득 담겼다. 밤사이 태풍은 요란하게 흩어져 있는 나뭇가지들을 남기고 언제 그랬냐는 듯이 고요했다. 사무실로 들어서자 사람들이 책상 한가운데 여러 가지 사진 카드를 늘어놓고 빙 둘러싸고 있었다.

"이게 다 뭐예요?"

강팀장은 사진카드 한 장을 손에 들고 있는 보람에게 물었다.

"다른 직원들 먼저 교육에 보내느라 이제서야 교육에 다녀왔는데 좋은 내용이 정말 많더라구요. 사진을 골라서 대화를 하는 워크샵을 매일 했었는데 그게 참 좋았어요. 여기 있는 여러 가지 사진을 보고 지난

주에 있었던 일 중에서 내가 가장 기뻤던 일, 혹은 가장 슬펐던 일을 표현할 수 있는 사진을 직접 선택해요. 그리고 그 사진을 보여주며 사건과 감정을 설명해주는 거죠. 그냥 지난주에 어떻게 지냈는지 이야기 나눠보자고 해도 되지만 이렇게 가장 기뻤던 일, 속상했던 일을 사진으로 비유해서 표현하면 감정을 한 번 더 정돈하는 효과도 있네요. 자신을 표현하는데 서툰 사람들에게는 유용한 방식이에요."

보람은 고개를 끄덕이며 공감하는 사람들에게 더욱더 목소리를 높이며 설명했다. 최근 들어 보람이 느끼는 기쁨 중 하나는 자신이 아는 것을 다른 사람들에게 전달하는 것이었다. 얼마 전 명사 초청 특강을 들으며 '나만 잘 되는 것이 아니라 다른 사람도 잘 되게 만들어 주어야 성공이 완성되는 것이다.'라는 메시지에 가슴이 찡했다. 잊지 않기 위해 보이는 곳에 적어 두고 틈만 나면 그 문장을 읽어보곤 했다.

"보람 부장! 잠깐 들어와 보세요."

루디아가 황급히 보람을 찾았다. 보람은 루디아의 사무실로 들어갔다.

"사장님, 무슨 일이신가요?"

"방금 전화를 받았는데 지난주에 입사한 설수연님 집이 밤사이 날아갔대요. 급한 일만 마무리하고 오늘 전 직원이 같이 가서 도울 수 있도록 해주세요."

"집이 어떻게 날아갈 수 있어요? 태풍이 좀 심하긴 했는데…. 어떻게 된 거예요?"

"그게…. 집이 없어서 비닐하우스에서 살고 있었대요. 지금 살림살이가 다 물에 젖고 난리가 난 것 같아요."

"아아. 딱해라…. 네, 사장님. 직원들에게 알리고 오후 네 시에 출발할 수 있도록 급한 주문 건 위주로 먼저 처리해 놓으라고 할게요."

루디아는 용희를 옆자리에 태우고 시동을 걸었다. 보람과 온유는 루디아의 차에 올라탔다. 용희는 조심스레 말했다.

"그런데 왜 비닐하우스에서 살고 계셨던 거예요? 한국에도 집이 없는 사람이 있어요?"

"아암! 있지. 엄청 많지. 직장 동료들이 모르고, 학교 친구들이 몰라서 그렇지. 주택 허가가 나지 않은 허술한 곳에서 그저 추위만 피하며 사는 사람들이 얼마나 많은데."

보람은 고개를 절레절레 흔들며 설명을 덧붙였다. 정부는 여관에 숙박하는 사정이 딱한 가정에 몇 년간 무료로 살 수 있는 주택을 제공했다는 뉴스를 자랑스레 내놓는다며 그래도 아마 혜택의 사각지대에 있는 사람들은 춥고 위험한 곳에서 하루하루를 버텨갈 것이라고 목청을 높였다. 가만히 듣고 있던 온유는 조용히 말했다.

"학교 끝나고 친구들은 집으로 돌아가는데 자기만 여관으로 들어가고, 비닐하우스로 들어가는 아이들 심정이 어땠을까요…. 감수성이 한

창 예민할 나이인데 말이죠. 들어도 이해를 못할 주변 친구들에게는 아마 말도 못했겠죠. 고민을 공유할 수 없으니 외로웠을 거구요. 한쪽에서는 매달 몇 천 만 원 입시 코디네이터를 붙인다느니 요란을 떠는데 월세 낼 돈이 없어서 좁은 방에서 온 가족이 생활해야 하는 아이들 보면 좀 화가 나기도 해요."

온유는 눈물까지 글썽거리며 말했다. 가만히 듣고 있던 루디아가 운전대를 돌리며 말했다.

"빈부 격차만 보면서 그게 행복과 불행의 무조건적인 기준이 될거라는 생각은 자제할 필요가 있어요. 교육적 혜택의 빈곤 속에 처한 아이는 불행하고 풍족함을 누리는 아이는 행복할 거라는 생각은 단편적인 생각이 되니까요. 실제로 고액 입시 시스템 속에서 사는 아이들이라 그런지 청소년 우울증이 세계 1위라더군요. 참 가슴 아픈 현실이 아닐 수 없죠. 우리는 우리가 해야 할 일을 합시다! 우리 곁에 붙여주신 이웃 한 명 한 명에게 사랑을 전하다 보면 그 사랑이 닿지 않는 곳이 없어지는 날도 언젠가는 오겠죠."

루디아의 차가 멈춘 곳은 태풍으로 처참하게 쓰러진 비닐하우스의 철근만 앙상하게 남아있는 벌판이었다. 설수연은 남편과 함께 옷가지들을 한데 모아서 정리하다가 루디아가 차에서 내리자 울음을 터트렸다.

"사장님…. 와주셔서 감사해요…."

"이게 도대체 무슨 일이에요. 어디 다친 데는 없어요?"

루디아는 수연의 손을 꼭 잡으며 물었다. 수연은 말을 잇지 못한 채 고개를 저었다. 아이들은 지인의 집에 피신시켜 놓고 새벽부터 사방으로 날아간 살림살이를 추스르느라 지친 모습이었다.

"너무 막막해서…. 창피를 무릅쓰고 연락드렸어요. 사장님, 이제 저희 어떻게 살아야 하죠."

"걱정 말아요. 일단 밥부터 먹고 와요. 여기는 우리들에게 맡기고. 보람부장! 두 분 식사 좀 하시게 해주세요."

보람이 부부를 데리고 자리를 뜨자 다른 직원들도 줄지어 도착했다. 루디아는 소매를 걷어 붙이고 물건을 정리하기 시작했다. 물건들을 박스에 담아 분류하고 흙을 털어내었다. 남자 직원들은 고장 난 가전제품을 하나씩 살펴보며 수리를 맡겨야 할 것과 버려야 할 것들로 분리하는 작업을 했다. 보람과 함께 다시 돌아온 수연은 모든 정리가 끝나자 허리를 숙여 직원들에게 감사 인사를 했다.

"모두 감사드립니다. 이 은혜를 어떻게 갚아야 할지…. 비닐하우스 주인에게 연락이 왔는데 비닐은 다시 원래대로 쳐준다고 해요."

루디아는 수연의 손을 잡고 측은한 마음으로 바라보았다. 박대리는 뭔가 생각난 듯이 소리쳤다.

"사장님, 우리 수연님이 비닐하우스가 아니라 제대로 된 집에서 살 수 있도록 같이 기도해요!"

직원들은 하나 둘 무릎을 꿇어 앉았다. 루디아는 수연의 손을 잡고 간절히 기도했다. 수연은 복받쳐 올라오는 눈물을 참지 못하고 연신 눈물을 닦았다. 그동안 집에 들어갈 때마다 비닐하우스에서 사는 것이 부끄러워 인적이 사라질 때까지 기다리곤 했던 시간이 떠올랐다.

용희는 늦은 밤이 되어서야 집에 도착했다. 식탁 위에 널브러진 컵라면 용기와 나무젓가락을 쓰레기통에 버리고 동생이 벗어놓은 옷을 가지런히 접어 두었다. 휴대폰을 손에 쥔 채 자고 있는 동생의 손에서 휴대폰을 빼내어 충전기에 꽂아 두었다. 동생의 얼굴에는 거뭇하게 수염이 나고 있었다. 용희는 동생의 손을 가만히 쓰다듬으며 속삭였다.

"용구야. 이 손으로 훌륭한 일을 했으면 좋겠다. 많은 사람들을 웃게 해주고, 따뜻하게 해주는 그런 일 말이야. 그럼 누나는 네가 행복하지 않을까 봐 걱정하지 않아도 되잖아. 다른 사람을 어떻게 도울까 생각하는 사람은 반드시 행복할 수 밖에 없거든…"

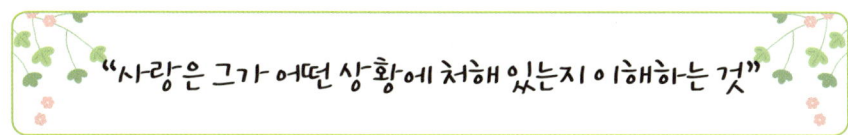
"사랑은 그가 어떤 상황에 처해 있는지 이해하는 것"

끝나지 않는 기쁨

"용희씨! 이것 좀 기술팀에 가져다줄래요?"

박대리는 아이스박스를 탑처럼 쌓아 올린 뒤 용희의 품에 안겨 주었다. 용희의 키를 훌쩍 넘는 높이에 박스들이 휘청거렸다.

"무겁진 않죠?"

박대리는 익살스럽게 미소 지으며 한쪽 눈을 찡긋해 보이고는 어디론가 가버렸다. 용희는 중심을 잃지 않기 위해 비틀거리며 힘겹게 걸음을 떼었다. 앞을 보기 위해 옆으로 걷다가 복도를 돌아서려던 순간, 맞은 편의 회색 정장을 입은 남자와 부딪혀 중심을 잃고 말았다. 와르르 쏟아진 아이스박스는 사방으로 나뒹굴었다.

"아쿠! 죄송합니다!"

회색 정장의 남자는 재빨리 손에 들고 있던 가방을 내려놓고 박스를 하나씩 원래대로 쌓아 올렸다. 얇은 검은 테의 안경을 쓴 눈은 생기가 가득 넘쳤고 운동으로 다져진 날씬한 몸매의 남자였다.

"어디로 가져가세요? 제가 가져다드릴게요."

남자는 용희를 보며 부드럽게 물었다. 용희는 생산실 쪽을 손가락으로 가리켰다. 그는 한걸음에 생산실로 아이스박스를 옮겨 놓은 뒤 물었다.

"사장님을 뵈러 왔는데 어디로 가면 되나요?"

"사장님은 사무실에 계세요. 2층으로 올라가시면 복도 끝이에요."

그는 고맙다는 인사를 한 뒤 2층으로 사라졌다.

보람은 루디아의 사무실에 노크를 한 뒤 고개를 내밀고 말했다.

"사장님, 사례뉴스에서 기자님이 오셨어요."

"오! 어서 들어오세요. 명철 기자님."

루디아는 반갑게 악수를 하며 자리로 안내했다.

"사장님, 우수 독서 경영 기업으로 선정되셔서 오늘 취재를 요청 드렸는데 이렇게 귀한 시간 내주셔서 감사드립니다. 이번에 여성 경제인 대표로 대통령상도 받으셨는데 경사가 겹쳤네요. 축하드립니다!"

명철은 노트북을 열고 테이블에 놓인 생수를 한 모금 마셨다. 루디아가 들려주는 이야기에 고개를 끄덕이기도 하고 질문을 하기도 하며 대화를 이어 나갔다. 명철은 프로답게 손으로는 타자를 치면서도 눈으로는 루디아의 표정도 놓치지 않으려는 듯이 바라보며 대화의 맥락을 정확하게 짚어냈다.

"사장님, 이제 마지막으로 가장 기억에 남는 사례가 있다면 무엇인지 말씀해 주시겠어요?"

루디아는 생각에 잠긴 듯 잠시 침묵하더니 입을 열었다.

"가장 기억에 남는 이야기는 '유주임 스토리'에요. 유주임은 업무 특성상 다른 팀을 도와주는데 이분이 누가 부탁을 하면 너무 싫어하는 내색을 하며 해주는 거예요. 대답도 퉁명스럽게 하고…. 동료들에게 인사하는 법이 없었죠. 저희 회사에서는 '사랑합니다!' 하고 인사하는 문화가 있는데 유주임은 마지막까지 입을 열지 않았죠. 그랬던 유주임이 책을 읽더니 전혀 다른 사람이 되었어요. 누가 부탁을 하면 너무 친절하게 도와주고, 동료들에게 항상 먼저 인사도 하게 되었답니다. 그게 끝이 아니었어요. 알고 보니 남편은 알코올 중독 수준으로 날마다 술을 마시고 대화도 단절되어 부부관계도 점점 악화되고 있었죠. 어려운 상황이었는데 어느 날 싱글벙글하는 그 직원을 보고 남편이 물어 보더래요. 도대체 무엇 때문에 그렇게 다른 사람이 되었느냐고 말이죠. 그래서 그제서야 남편에게 책을 내밀며 말했대요. 회사에서 책을 읽는데 처음 읽을 때는 그렇게 신경질이 나더니 두 권, 세 권째 읽으면서부터 가슴에 뜨거운 게 들어왔다고 말이죠. 그리고 생각이 개벽을 하듯이 뒤집어졌대요. 그 말을 들은 남편이 지금은 어떻게 되었는 줄 아세요? 유주임은 세 권을 읽고 나서야 변화를 경험했지만 남편은 오랜 시간이 걸리지 않았죠. 아내가 내민 〈에너지 버스〉라는 책을 읽고 새사람이 되었다고 해요. 남편이 술을 줄이더니 이젠 아이들과 함께 놀아주는 멋진 아빠가 되었대요. 지금은 남편이 아내와 같이 먹는 된장찌개가 제일 맛있다고 하더군요. 가정이 통째로 바뀐 거예요. 아마 아내의 모습에서 이미 감동을 받은 것 같아요. 그래서 그 책이 눈이나 머리로 읽히는 게 아니라 마음으로 읽혔겠죠."

　루디아의 말이 끝나자 명철은 따뜻한 미소를 지으며 고개를 끄덕거렸다.

　"저도 한 가정의 가장으로서 부부 사이에 서로를 통해서 배우고 또 성장한다는 게 얼마나 값진 것인지 알기 때문인지 더 큰 감동입니다. 이 이야기를 기사 앞쪽에 집중해서 실어야겠어요. 따뜻한 특종을 주셔서 감사합니다!"

　그때였다. 보람이 문을 열더니 들뜬 목소리로 말했다.

　"사장님! 방금 연락이 왔는데 수연님의 집주인이 비닐하우스를 다시 쳐주는 게 아니라 건축허가를 받아 왔대요. 거기 판넬로 집을 지어준다고요! 게다가 월세도 더 올리지 않는대요! 집이 생겼어요! 진짜 집이 생겼어요! 지금 직원들이 다 소식을 듣고 엄청 기뻐하고 있어요."

　루디아는 자리에서 벌떡 일어났다. 자신의 손을 마주 잡은 채 눈을 감고 감격스럽게 외쳤다.

"세상에! 오, 주님! 감사합니다!"

명철은 환하게 웃으며 말했다.

"특종이 하나 더 있네요."

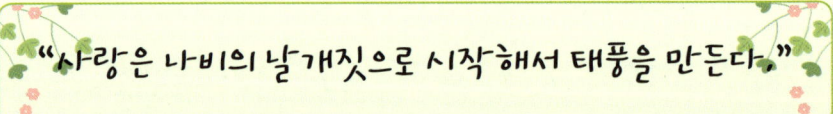
"사랑은 나비의 날개짓으로 시작해서 태풍을 만든다."

PRACTICE 02

사랑은 함께 성장하는 것입니다

소설을 원작으로 한 영화 〈아름다운 세상을 위하여〉에서는 한 초등학생이 수업 시간에 한 가지를 제안합니다. '내 힘에 부치는 한가지 착한 일을 다른 사람 세사람을 위해 실천해 보자'는 것입니다. 실제로 이 영화의 원작 소설가 캐서린 라이언 하이디는 'Pay it forward 재단'을 설립하여 미국 전역에 '도움주기'의 사회운동으로 사랑의 실천이 확대되도록 하였습니다. 작은 사랑을 실천하되 내가 평소에 하던 것보다는 조금은 용기 있는 사랑을 해 보는 것입니다. 그동안 실패를 경험했더라도 상관없습니다. 거절당할 수도 있고, 작은 용기에 오해를 살 수도 있습니다. 또 공연한 시비거리가 될 수도 있겠지요. 하지만 그것은 나의 문제가 아니라 상대방의 문제일 뿐입니다. 나는 그저 나의 사랑을 실천하는 것으로 만족할 수 있습니다. 지금 떠오르는 어떤 사람을 찾아가 위로 해 주는 일일 수도 있고, 누군가에게 작은 선물을 하는 것도 좋습니다. 업무가 밀린 동료의 일을 함께 해 주는 것도 용기 있는 일입니다. 특별히 사랑은 함께 성장하는 것입니다.

사랑을 배우지 않아도 될 만큼 완벽한 사람은 없습니다. 또한 사랑을 배울 수 없을 만큼 부족한 사람도 없습니다. 사랑은 배워 가는 것입니다. 사랑의 마음이 있다면 그것이 이웃에게 느껴져야 합니다. 그러려면 사랑도 배워야 합니다. 유명한 '소와 사자의 사랑 이야기'처럼 소는 자신이 좋아하는 풀을 사자에게 선물로 주고, 사자는 자신이 좋아하는 고기를 소에게 선물로 준다면 그것은 올바른 방법의 사랑이라고 볼 수 없을 것입니다. 어렵게 용기를 내어 사랑을 실천하고자 했으나 상대로부터 거절을 경험하면 위축됩니다. 한 번, 두 번 그런 경험이 반복되면 결국 나 자신을 보호하기 위해 사랑하기를 포기해 버리고 맙니다. 결국 한번도 사랑해 본적이 없는 사람처럼 두꺼운 자기 보호의 갑옷을 입고 살아가게 되는 것이지요.

하지만 사랑의 실천은 '그럼에도 불구하고' 힘써 배워 가는 것입니다. 사실 사람이 성장한다는 것은 결국 사랑의 실력이 늘어가는 것과 비례합니다. 진정한 의미에서 성장은 신체

적 성장이나 지식이 아니라 얼마나 '사랑의 사람이 되느냐'의 문제입니다. 사람은 사랑할 때 비로소 사람다워집니다. 창조주는 인간을 그의 로봇으로 만들어내지 않고 스스로 선택할 수 있는 독립적인 존재로 창조하였습니다. 사랑은 사랑하지 않을 수도 있는 존재와의 관계여야 사랑입니다. 그런 의미에서 사랑에 있어서 최고의 가치는 '선택'이기도 합니다. 자유로운 선택이 있어야 진정한 사랑이 되는 것입니다. 이것이 사랑이 가진 기본적인 속성입니다. 부모는 자녀가 그런 존재가 되기까지 양육하고, 독립시킵니다.

사랑은 그의 성장을 돕는 것입니다. 지금 그가 성장하는데 나의 도움이 필요한 사람은 누구입니까? 내가 그의 성장을 위해 해 줄 수 있는 것은 무엇입니까?

• **아름다운 성장을 위하여**

사랑이 필요한 사람	그의 필요	내가 해 줄 수 있는 것

3부

사랑은
열매를 나누는
것이다

사라진 볼펜, 한만두의 피드백 열전

"어? 여기 있던 볼펜 못 보셨어요?"

용희는 작업 일지를 적으려다 말고 주위를 두리번거렸다.

"볼펜? 나는 못 봤는데."

다들 대수롭지 않게 답했다. 용희는 잠시 후 등골이 오싹하고 얼굴에 소름이 돋는 것 같았다. 이른 아침부터 정성스럽게 재료를 씻고 손질하던 아주머니들은 여전히 아무렇지도 않게 만두 속을 배합하고 정성스레 체크를 하고 있었다. 용희는 서둘러 루디아에게 달려갔다.

"사장님…. 어떻게 하죠."

용희는 울먹이며 볼펜이 아무래도 만두 속 재료에 섞여버린 것 같다고 얼굴이 새빨개져서 말했다. 확실치는 않지만 아무래도 그런 것 같다고 발을 동동 구르며 눈물을 흘렸다. 루디아는 이야기를 듣더니 생산실로 달려갔다.

"작업 중단하세요!"

직원들은 일제히 루디아를 바라보며 일손을 멈췄다. 기계도 작동을 멈췄다.

"볼펜이 언제쯤 사라졌는지 기억나요?"

루디아의 질문에 용희는 고개를 좌우로 흔들었다.

"아침까지 계속 잘 쓰고 있었는데 아까 만두 속 배합 일지 작성하다가 잃어버렸어요. 다 찾아봤는데 아무데도 없어요."

루디아는 아침부터 생산이 완료된 만두 박스를 바라보았다. 생산 시간이 따로 적혀 있지 않아서 볼펜을 잃어버린 시간을 알아낸다고 해도 아침에 만들어진 만두를 추려낼 방법도 없었다.

"오늘 생산한 제품은 전부 다 폐기합시다."

용희는 눈물 범벅이 된 얼굴로 어쩔 줄 몰랐다. 박대리가 달려와서 루디아의 팔을 잡고 말했다.

"사장님! 오늘 생산된 수량만 3천만 원이에요! 차라리 나중에 항의 들어오면 그때 보상금을 주는 게 피해가 작을 것 같아요. 사장님, 한 번만 다시 생각해 주세요. 피해가 너무 막대해요. 아침부터 정성껏 만든 것들인데…. 너무 아까워요…."

루디아는 박대리의 어깨를 두드리며 말했다.

"절대 그럴 수는 없어요. 우리 만두를 믿고 드시는 고객들에게 맛있고 깨끗한 만두를 만들겠다고 약속했는데…."

일순간에 회사 분위기는 얼어붙었다. 직원들은 비통한 마음으로 하루 종일 만들었던 만두를 모두 버리기 시작했다. 생산실의 직원들이 하나, 둘 퇴근하고 마지막까지 뒷정리를 돕던 부서장들은 회의실에 모였다. 루디아가 말했다.

"우리 교육 때 배웠던 '피드백' 기억나죠? 실수도 있을 수 있고 실패도 있을 수 있지만 피드백을 통해서 교훈을 얻지 못한다면 우린 같은 실수를 반복하거나 사람 탓을 하는 데서 그치게 됩니다. 그건 아무 의미가 없어요. 실수를 줄이거나 없앨 방법을 찾아가야 합니다."

그때 신중이 손을 번쩍 들었다.

"생산실 안에는 아예 볼펜을 가지고 들어가지 못하게 하면 어떨까요? 아니면 볼펜에 고유번호를 붙여 두어서 생산실에 있는 볼펜의 개수를 모두 확실하게 확인할 수 있도록 하는 거죠!"

"좋은 생각이에요. 볼펜뿐 아니라 다른 부자재들도 사고의 대상이 될 수 있어요. 오늘 볼펜을 잃어버렸던 시간과 제품 생산 시간만 알 수 있었더라도 이런 큰 피해를 당하진 않았을 거예요."

온유가 두 손을 맞잡은 채 거들었다. 보람은 회의 내용을 하나라도 놓칠세라 노트에 꼼꼼히 기록하며 말했다.

"전 구역에 CCTV를 설치하고 나중에 확인할 수 있도록 해두는 것도 필요할 것 같습니다. 생산된 제품이 만들어진 시간도 수시로 기록해두고 말이죠."

루디아는 밤이 늦도록 진행된 피드백 회의에서 나온 내용을 정리하며 내일부터 바로 시행할 실천사항을 화이트 보드에 적었다.

　-볼펜에 고유번호를 부착하여 하루에 세 번씩 볼펜의 개수 확인하기

　-제품 출하 즉시 생산시간 기록하기

　-CCTV 전구역에 설치하기

　-작업 기록 일지 작성 시간의 평준화

"이번 사고를 통해서 우리는 더 잘할 방법, 치명적인 실수를 하지 않을 방법을 찾았고 생산 프로세스를 개선할 것입니다. 각 파트별로 피드백하며 더 나아지고 성장할 방법을 찾을 수 있을 거예요. 파트별로 주 1회 피드백 미팅을 갖도록 해주세요."

루디아의 말에 신중이 조심스레 말했다.

"취지는 좋지만 전 직원이 하기엔 좀…. 어려워하지 않을까요?"

"생각의 습관을 바꾸고 성장 습관을 갖도록 도와주어야 해요. 성장이 최고의 직원 복지랍니다."

루디아의 말이 끝나자, 하늘에서 굵은 빗방울이 떨어지기 시작했다. 하나 둘 떨어지던 빗방울은 금방 장대비로 바뀌었다. 요란하게 창문을 때리는 빗소리가 귓가를 흔들었다. 루디아는 잠시 눈을 감고 생각에 잠겼다. 그리고 결심했다는 듯이 입을 열었다.

"X-RAY 검출기도 도입하도록 하죠."

부서장들은 루디아의 말에 귀를 의심했다. 한 대당 6천만 원의 고가인데다가 만약 구입해야 한다면 2대를 구입해야 했다. 총 1억 2천만 원의 비용이 필요했다. 부서장들은 입을 모아 이야기했다.

"저…. 사장님. 그건 좀 더 생각해 보시죠. 우리 공장에는 이미 해썹(HACCP)에서 인정한 금속 검출기 장비를 갖추고 있는데 너무 과한 것 아닐까요?"

루디아는 환한 미소를 지으며 말했다.

"비가 오기를 기도했던 사람은 마땅히 우산을 준비해야겠죠. 한만두의 큰 비를 맞으러 나갑시다."

 "사랑은 최고의 것을 주고 싶은 것이다."

대기업이 부러워하는 창의성 용광로

밤 사이 내렸던 장대비는 대지를 촉촉하게 적셔 놓았다. 환하게 비추는 아침 햇살 아래는 무지개가 빛났다. 신중은 아침부터 분주했다. 차를 타고 어딜 다녀오는가 싶더니 의자를 들고 왔다 갔다 하며 창고에서 연장을 찾아 들고 와서는 의자에 박스를 올려놓고 돌렸다. 그는 박스를 회전 의자 위에 올려놓고 한 바퀴를 빙 돌리더니 흔들거리다가 툭 떨어진 박스를 들고 다시 회전의자의 쿠션 아래 쪽을 살펴보았다.

"황이사님, 여기서 뭐하시는 거예요?"

루디아는 오전 내내 열심을 내는 신중을 보며 물었다. 신중은 만두를 아이스박스에 넣고 마지막 테이프로 붙이는 과정을 개선하기 위해 연구 중이라고 했다.

"직원들이 아이스박스 주변을 빙빙 돌며 테이프를 붙여야 하거든요. 그런데 그게 참 불편해 보여서 사람이 박스 주위를 도는 게 아니라 회전의자로 박스를 돌리면 되지 않을까 생각이 들어서 한 번 해보는 중이에요."

"오오. 그렇군요. 멋져요."

"사장님이 말씀하신 대로 '더 잘할 방법'을 찾는 피드백을 하다 보니 이런 것도 눈에 보이고 이런 생각도 하게 되네요. 하하. 아차! 사장님! 오늘 만두 경진대회인데 출품작은 다 살펴보셨어요?"

"네, 안 그래도 오늘 출품작 재료와 스토리는 모두 읽어보았고 전 직원 투표로 결정하려고 해요. 기대가 되네요."

루디아는 손에 들고 있던 출품작 종이를 들어 보였다. 신중은 고개를 끄덕이며 말했다.

"직원들이 그러는데 봉사활동에서 돕는 아이들에게 피드백을 많이 받는다고 하더군요. 아이들은 맛에 대한 평가가 거침이 없고 인사치레가 없어서 솔직한 평가를 내려주니 연구에 도움이 된다고 해요. 아이들도 자신이 뭔가 중요한 일에 기여했다는 자부심으로 들떠 있던걸요?"

"그랬군요! 목장별로 토요일에 나가는 봉사활동은 잘 진행되고 있나요? 제일 잘 섬겨주었던 목장은 베트남으로 여행을 다녀오기로 했는데 그것도 이제 날이 가까워오고 있네요."

"맞습니다. 이번 달에 발표하고 비행기 티켓과 여행 일정을 준비해야 합니다. 목장들은 각자 제일 도움의 손길이 잘 닿지 않던 후원의 사각지대를 잘도 찾아냈어요. 사장님, 사람은 참 이상해요. 누군가를 도울 때, 그리고 진심 어린 사랑의 도움을 받을 때 얼굴이 빛나거든요. 눈에 보이지는 않지만 사랑은 얼굴을 빛나게 하는 것 같아요. 줄 때나 받을 때나 마찬가지죠. 직원들이 행복해하니까 만두도 덩달아 맛있어지는 것 같아요."

"그렇죠. 일주일 전에 1차 서류를 통과하고 2차 면접에 왔던 지원자 기억나시죠? 퇴사할 이유가 없는 식품 대기업에 근무하던 분이 왜 우리 회사에 지원했을까 하도 이상해서 탈락을 시켰죠. 그런데 그 분이 나가면서 솔직히 이야기 해주더라구요. 우리 회사의 레시피가 하도 창의적이어서 가서 배우고 오라는 미션을 받았대요. 샘플로 사다가 먹어보고 연구해도 방법을 도저히 못 찾겠다고 말이죠. 그런데 우리 회사의 핵심 기밀은 바로 '사랑경영'이에요. 만두는 사람이 만드는 것이고 사람은 사랑으로 이뤄져 있으니 사람의 지혜를 깨우고 행복을 주는 '사랑'이야말로 가장 좋은 맛을 내는 만두를 찾는 핵심 비밀인거죠. 그분에게 그 이야기를 들려 드렸지만 고개만 갸우뚱하고 돌아갔어요. 비밀은 알려주지 않아서 비밀이 아니라 깨닫지 못해서 비밀이 되나 봅니다."

루디아는 손에 들고 있던 만두 경진대회 출품작 종이를 신중에게 건네고 사무실로 들어갔다. 만두 경진대회에 나온 만두는 다양했다. 젊은이들이 좋아하는 다양한 간식들과 만두를 접목시킨 작품들이 특색 있었다. 그중에서도 직원들에게 몰표를 받은 작품은 '갈비 만두'였다. 루디아는 갈비 만두를 입에 넣고는 눈을 휘둥글렸다.

'아, 바로 이거다!'

사람들이 누구나 좋아하는 불 맛이 그대로 담긴 영락없는 갈비 맛이 었다. 직원들은 압도적인 우승을 거둔 '갈비 만두'를 출시하기 위해 연구에 들어갔다. 그러나 수제로 만들었던 직원의 출품작과는 달리 기계를 통해 생산을 하면 찌는 과정에서 불 맛이 사라져 버리곤 했다.

용희는 직원들과 함께 다양한 시도를 해보며 불 맛을 살려 보기 위해 구슬땀을 흘렸다.

"박대리님, 이거 드셔 보세요. 이번에는 재료를 훈제로 해봤어요."

박대리는 용희가 내민 만두 한 알을 입에 넣었다. 용희는 침을 꼴깍 삼키며 판결을 기다리는 표정으로 박대리를 올려다 보았다. 그러나 용희의 기대와는 달리 갈비 만두를 입에 넣어서 오물 오물 먹어본 박대리는 고개를 가로 저었다. 용희는 노력이 물거품이 되자 실망감으로 어깨를 늘어뜨렸다.

"어제 보니까 마트에서 '갈비 만두'를 팔더라구요. 우리나라에서 제일 큰 회사에서 만든 거였어요. 혹시나 했는데 불 맛도 없고 감칠맛이 나질 않았죠."

"용희씨도 사서 먹어 봤구나! 나도 봤어. 마트 직원에게 물어봤더니 잘 안 팔린다고 하더군. 여태까지 해봤던 조리법이 뭐였지? 이제 뭘 더 해볼 차례인가?"

박대리는 용희가 들고 있는 노트를 낚아채어 짙은 속눈썹을 이따금 깜박거리며 진지하게 읽어 나갔다. 무의식적으로 종이를 만지작거릴 때마다 바스락 소리가 났다.

"아, 맞다! 용희씨 오늘 사장님과 인재미팅 있는 날이라고 하지 않았어? 오늘이 세 번째라고 했던가?"

용희는 박대리의 말에 화들짝 놀랐다. 루디아와 만나기로 약속한 시간을 지나고 있었다.

"네. 세 번 만나기로 했으니 오늘이 마지막이네요. 지금이 몇 시죠? 벌써 5분이나 지났어요! 맙소사! 어떻게 까맣게 잊고 있었지? 다녀오겠습니다!"

용희가 루디아의 사무실로 들어서자 루디아는 사과를 깎아서 접시에 가지런히 올려놓으며 용희를 맞았다.

"사장님, 늦게 와서 죄송해요. 제가 계속 기억하고 있었는데…."

루디아는 미소를 지으며 사과를 용희에게 권했다.

"괜찮아요. 더 좋은 일이 따로 있었나 봐요. 용희님의 마음을 사로잡을 만한 그런 좋은 일? 아니면 그런 사람이거나."

"아니에요! 절대 그런 거 아니에요! 갈비만두 맛 연구 피드백 중이었어요."

용희는 얼굴이 빨개져서 손사래를 쳤다. 루디아는 빙그레 웃으며 물었다.

"우리 지난번에는 어디까지 이야기했죠?"

용희는 기다렸다는 듯이 분홍색 노트를 꺼내어 이야기했다.

"사장님께서는 사랑에 대한 세 가지 이야기를 들려주신다고 하셨어요. 첫 번째, '사랑은 의미를 찾는 것이다.' 라고 하셨죠. 저도 여러 가지 이유에 대해서 생각해봤어요. 제가 일을 해야 할 이유, 여러 가지 어려움과 외로움을 이겨내야 할 이유, 동생을 사랑할 이유들이요. 회사에서 나가는 봉사지에 나가서 마음이 병든 아이들을 보면서 그 이유는 점점 명확해졌어요. 책을 읽으면서도 마찬가지죠. 이제는 제가 봉사활동을 해야 할 이유, 책을 읽어야 할 이유, 피드백을 해야 하는 이유들로 제 가방도 가득해진 것 같아요.

두 번째 만남에서는 '사랑은 함께 성장하는 것'이라고 말씀하셨죠. 지금처럼 동생 용구가 계속 방황하는 것을 계속 지켜봐야 한다면 저는 가슴이 너무 아플 거예요. 그래서 지금의 동생을 몰아세우기보다는 최대한 이해하면서 용구가 한 걸음이라도 더 성장할 수 있는 방법이 뭘까 고민하기 시작했어요. 무뚝뚝하던 유주임님이 우리 회사에서 최고 방글이 주임님이 되고 그분의 남편분이 감동을 받았다는 이야기를 듣고 저도 용구에게 그런 감동을 주는 누나가 되고 싶다는 생각을 했어요. 용구도 저를 보면서 뭔가 희망을 가졌으면 좋겠어요. 제가 이렇게 희망을 갖게 된 것처럼 말이에요."

작고 여린 손목으로 용희는 눈물이 나오려고 하는 것을 막아내며 눈을 억지로 닦았다.

"그동안 회사를 보며 이상한 시선을 보내는 사람이 많았어요. 초과근무를 해도 모자란 상황에서 근무시간을 할애해서 직원들이 춤추고, 노래하고, 봉사활동 가고, 해외여행 보내주고…. 그 모습만 보는 사람들에게 이상한 광경이었겠죠. 그런데 저에게는 확신이 있었어요. 사람의 혈관에는 피가 필요하듯이 사람의 영혼에는 사랑이 필요하다는 사실이요. 그리고 그 사랑이라는 것의 속성은 다른 사람과 나누면 두 배가 되고 열 배가 되고 백 배가 된다고 말이죠. 사랑은 나눌수록 커지고 반드시 옮겨 붙을 것이라는 믿음이요. 나는 약하고 모자란 것이 많은 존재여서 큰 일을 할 수 없지만 적어도 우리는 지금 있는 곳에서 파도를 일으킬 수 있어요. 작은 파도가 큰 파도로 들 불이 번져 나가듯이 사랑이 세상을 덮는 꿈을 꾸곤 해요. 저는 제 꿈을 믿어요. 그러다가 어느 날부턴가 주객이 전도되었어요. 처음에는 일을 잘하기 위해 사랑을 실천했는데 이제는 사랑의 열매를 나누기 위해서 일해요. 일을 열심히 해요. 더 잘하려고 노력해요. 더 좋은 만두를 만들려고 노력해요. 더 깨끗하고, 더 맛있게 말이죠. 사랑하기 위해서요."

루디아는 눈을 반짝이며 듣고 있던 용희에게 다가가 등을 가볍게 두드리며 말했다.

"내가 이 말을 예전에 했던가요? 용희님은 앞으로 뭘 해도 잘 해낼 거에요."

"사장님…."

루디아의 말은 용희의 마음을 꽉 움키는 것 같았다. 좀처럼 들어본 적 없는 따뜻한 말이었지만 그대로 믿기로 했다.

비를 맞으러 우산을 들고 나갈 때

"루디아 사장! 회사 커지더니 마음이 변했어? 만두 맛이 변했잖아. 맛없다고 안 팔려. 어떻게 할거야? 재료 바꾼 거야? 레시피가 바뀌었어? 도대체 왜 맛이 없어진 거야? 납품했던 거 다 도로 가져가!"

"아니에요…. 아니에요…."

루디아는 공중에 손을 허우적거렸다. 맛이 없어진 만두가 와르르 머리위로 쏟아졌다. 손가락질하는 사람들의 야유 소리가 따갑게 귀를 찔렀다. 루디아는 자리에서 벌떡 일어났다. 꿈이었다. 식은땀이 목덜미를 타고 흘러내렸다. 몇년 전, 식품 회사는 안전과 위생의 기준 인증 제도인 *해썹(HACCP)을 받아야 영업을 할 수 있다는 정부의 방침이 생겼다. 새로운 부지를 매입하고 공장을 짓고 기계를 설비해야 해썹을 받을 수 있었기 때문에 대출조차 막막하던 때, 우여곡절 끝에 현재 1400평 부지에 한만두 공장이 설립되었다. 문제는 그때 부터였다. 고객들은 만두가 맛이 없어졌다고 항의를 하기 시작했고 원망과 질책이 빗발쳤다. 루디아는 분명 똑같은 레시피, 똑같은 재료, 똑같은 사람들이 만드는 만두가 왜 맛이 없어졌는지 알 길이 없었다. 소매를 걷어 붙이고 직접 만두 배합실에서 끼니를 거르며 원인 발견에 몰두했지만 찾지 못했다. 좀 더 좋은 재료들로 원재료의 품질을 높이고 고급 참기름으로 교체한 뒤 만두 속을 배합해서 맛보면 분명 이전보다 훨씬 맛있었다. 그런데 이상하게도 만두를 쪄내고 나면 싱겁고 매력이 하나도 없는 맛이었다.

직원들이 모두 퇴근하고 불이 꺼진 공장에서 기계 앞에 멍하니 있던 루디아의 얼굴에는 눈물이 주르륵 흘렀다. 차가운 기계에 손을 얹고 말했다.

"도대체 왜 맛이 없어진 거니…. 나 좀 알려줘…. 뭐가 잘못된 거야…."

흐느낌은 고요한 공장에서 절규로 바뀌었다. 그렇게 잠 못 드는 밤을 보낸지 얼마나 되었을까.

'아! 그래! 새 포도주는 새 부대에! 새로운 방식을 다시 찾아야 하는

---

* 해썹(HACCP) 제도는 안전관리 인증기준이다. 한국식품안전관리인증원에서 담당하며 식품, 축산물, 사료 등을 만드는 과정에서 생물학적, 화학적, 물리적 위해요인들이 발생할 수 있는 상황을 과학적으로 분석하고 사전에 위해요인의 발생여건들을 차단하여 소비자에게 안전하고 깨끗한 제품을 공급하기 위한 시스템적인 규정을 말한다.

것이었지!'

이사를 오기 전, 300kg을 생산하던 때와 똑같은 시간을 조리한 것이 잘못이었다. 기계는 2톤을 생산하는 능력이 있었기 때문에 더 빨리 익어 버리고 지나치게 찐 만두에는 맛이 빠져 버렸다. 찜 시간을 조정하니 만두는 예전처럼 다시 맛있는 만두가 되었다.

루디아는 왜 갑자기 몇 년전의 그날을 꿈에서 봤을까 생각하며 물을 마셨다. 시계를 보니 시간은 새벽 6시였다. 이런 저런 생각을 하며 눈을 감고 기도를 하던 중 루디아는 불현듯 한 가지 생각이 떠올랐다. 급하게 옷을 챙겨 입고 회사로 향했다. 회사에 도착하니 생산실 재료 손질팀은 이미 일을 시작하고 있었.

"우리 갈비만두 지난번에 어디까지 해봤죠?"

갈비만두는 기계로 생산하기 위한 레시피를 만들려고 노력한지 꼬박 7년째였다. 그동안 다양한 방법으로 수제 만두의 맛을 살려보려고 했지만 번번이 실패로 돌아갔다. 루디아는 개발팀과 함께 여태까지 했던 방법을 토대로 다시 새로운 방법을 직원들에게 지시했다. 직원들은 꼼꼼히 시간과 재료를 체크하며 샘플 만두를 만들어 왔다. 루디아는 조심스레 하나를 집어 들었다. 한입에 넣고 맛을 자세히 느끼기 위해서 집중했다. 직원들은 나머지 만두를 모두 하나씩 입에 넣고 먹기 시작했다. 그들은 동시에 외쳤다.

"맛있다! 맛있다!"

한만두 사람들은 얼싸안고 기뻐했다.

7년 만의 열매였다. 박대리는 생산실 문을 열고 급히 들어와 루디아에게 말했다.

"사장님, 온라인 판매를 하고 싶다고 누가 찾아왔는데요."

"저는 온라인 판매를 하지 않을 거예요. 하게 되더라도 판권은 누구에게 줄 마음이 없어요. 되돌려 보내주세요."

"이미 그렇게 얘기했는데 그래도 간절히 뵙고 싶어 해서요. 한 번 만나 보시는 게 어떨까요?"

루디아는 할 수 없다는 듯이 문을 열고 나갔다. 문 앞에는 커다란 서류 가방을 든 청년이 초조한 표정으로 서있었다. 루디아는 온라인 판권을 줄 수 없다고 정중히 거절했지만 청년은 한만두의 맛있는 만두를 고객들에게 좀 더 쉽게 제공해야 할 이유에 대해서 열심히 설명했다. 루디아는 청년을 보며 처음 만두 사업을 시작했을 때의 자신의 모습을 보는 것 같았다.

어린 시절, 가내 수공업으로 집에서 구두를 만드시던 부모님은 하루 종일 바쁘셨다. 여덟 살 남짓의 어린 루디아는 부모님의 일을 도울 수는 없었지만 이런저런 잔심부름을 하며 부모님 곁에 있는 것이 좋았다. 외식은 엄두도 못 낼 시절이었기 때문에 항상 특별한 간식에 대한 환상을 갖고 있었다. 비가 오는 날이면 부침개를 부쳐 먹고 왔다는 친구들이 그렇게 부러울 수가 없었다. 비가 오던 어느 날, 아버지는 루디아의 손에 천 원을 쥐어 주시며 마을 어귀에 있는 찐만두를 사오라고 하셨다. 루디아는 너무 신난 나머지 우산도 쓰지 않은 채 한 달음에 만두 가게로 달려갔다.

"아저씨! 만두 천 원어치 주세요!"

뽀얀 만두는 하얀 김을 모락모락 내며 찜기에서 꺼내어 봉지로 옮겨졌고 루디아는 침을 꿀꺽 삼키며 또 한 번 집으로 한 달음에 달려왔다. 루디아는 지금도 그 맛을 잊을 수가 없었다. 성인이 된 이후에도 마음이 힘들고 배가 고플 때면 그때 아버지가 사 주신 만두 맛이 생각나곤 했다. 처음 만두 사업을 시작하게 되었던 것도 루디아에게 최고의 고급스러운 행복을 선사했던 만두 맛을 계속 기억하기 위해서였다. 그리고 사람들에게 자신이 느꼈던 감동을 다시 선물로 되돌려 주고 싶었다. 처음 만두공장을 찾아가 판권을 달라고 했던 루디아도 그만큼 간절했다. 끈질기게 찾아가서 판권을 달라고 매달렸던 그날의 루디아는 이런 표정이었을까? 하고 생각했다.

"좋아요. 온라인 판매를 해주세요."

루디아는 무조건 거절하려고 마음을 먹었던 것과는 달리 청년에게 온라인 판권을 주겠다고 말했다. 청년은 거듭 감사 인사를 하며 돌아갔다.

그때, 신중이 숨을 헐떡이며 달려와 루디아에게 말했다.

"사장님! 큰일 났어요! 돼지고기 공급을 중단한다고 연락이 왔어요!"

"이건 또 무슨 일이에요? 돼지고기가 없으면 만두를 어떻게 만들어요?"

"구제역으로 돼지고기 가격이 천정부지로 솟은 데다가 물량 확보가 어렵나 봅니다. 그리고…."

신중은 말끝을 흐리며 말했다. 돼지고기 대금이 밀려 있어서 밀린 대금을 결재하기 전에는 물량 공급을 할 수 없다는 것이 진짜 이유였다.

루디아는 사무실로 뛰어가 수화기를 들었다. 신호가 울리고 '여보세요.' 라는 말이 끝나기가 무섭게 다급한 목소리로 말했다.

"사장님! 대금 밀린 건 정말 죄송해요. 하지만 돼지고기가 없으면 물건을 생산할 수도 없고 생산을 못하면 빚을 갚을 방법도 없어요. 이왕 기다려주신 김에 조금만 더 기다려주세요."

"밀린 대금이 5억이에요. 1년 기다렸으면 오래 기다린 거죠. 5억 못 갚으면 차압 들어갈 테니 그런 줄 알아요."

차가운 대답만 남긴 채 전화가 끊어졌다. 루디아는 두꺼운 외투를 입고 차에 시동을 걸었다. 루디아는 6개월전, 현재 주문량에 필요한 직원 수보다 두 배로 더 많은 직원을 채용했다. 양주시에 평소 알고 지내던 모든 사람들은 한만두로 찾아와 루디아를 말렸다.

"루디아 사장, 그 매출이면 지금 직원들 절반은 내보내야지. 혹시 매출 속이는 거 아니야? 그렇게 매출 속이면 세무조사에서 호되게 당해. 그렇게 되 봐야 정신을 차릴 거야?"

"큰 비가 오기를 기도한 사람은 우산을 들고 밖으로 나가는 법이지요. 그릇이 준비되어 있어야 무엇이든 담을 수 있는 것처럼 우리는 직원들을 준비해야 해요. 달성하고 싶은 꿈의 매출이 있다면 그것을 만들어 낼 직원들을 준비하는 게 순서죠."

그러나 루디아의 말에 귀를 기울이는 사람은 아무도 없었다. 매달 나가는 직원들 급여와 재료비, 가스비는 한만두를 휘청거리도록 만들었다. 만약 돼지고기마저 끊어진다면 한만두가 도산하는 것은 불 보듯 뻔했다. 루디아는 바짝 마른 입술을 깨물었다. 가슴이 답답하고 눈물이 쉴 새 없이 흘러내려 앞이 보이지 않았다. 루디아는 브레이크를 밟고

핸들에 머리를 파묻었다. 구약 성경에서 읽었던 장면들이 머리속을 스치고 지나갔다. 여리고 성을 반드시 정복하게 된다는 약속을 받은 이스라엘 사람들은 여리고 성 주변을 빙빙 도는 동안 아무 말도 하지 못하도록 되어 있었다. 의심하는 마음이 들더라도 그것을 동료들에게 표현하지 못하도록 금한 것이다.

'너희는 가만히 있어 내가 하나님 됨을 알지어다.'

루디아의 가슴은 천둥 같은 심장소리로 요동쳤다.

'제가 가서 무슨 말을 해야 할지 알려주세요….'

전국민을 흔들었던 그 맛, 대한 민국 만세!

"아니, 안된다니까 글쎄! 지금도 빚이 5억인데 물건을 더 보내 달라고?"

돼지고기를 공급해 주던 표사장은 불쾌한 기색이 역력했다. 루디아는 가느다란 목소리로 테이블 위에 덮인 유리 위에 손을 살며시 얹으며 말했다.

"사장님…. 정말 염치없지만 조금만 더 기다려 주세요. 돼지고기가 있어야 물건을 만들고 그래야 빚을 갚죠."

"그런 지가 벌써 일 년째야. 자네 사정 딱한 건 알겠는데 나도 더 이상은 못 기다려줘. 5억 받으려고 더 빌려줬다가 10억 못 받게 생겼다고. 안 그래?"

표사장은 더 이상 들을 말이 없다는 듯이 자리에서 일어나기 위해 몸을 일으켰다. 그때 테이블을 거칠게 내리치며 루디아가 소리쳤다.

"사장님! 저희 회사 곧 대박 날 거예요! 저희 회사에 50억 들었는데 설마 고작 5억을 못 갚을까 봐 그러세요?"

루디아의 호통에 표사장은 주춤하더니 다시 자리에 앉았다. 방금 전까지만 해도 위압적이던 기세는 온데 간데 없었다. 순한 양처럼 루디아의 말을 듣고 있는 표사장에게 루디아는 힘주어 말했다.

"5억 때문에 50억짜리 회사 문 닫으면 사장님이 책임 지실거예요? 우리 직원들 다 먹여 살리실 거냐고요!"

표사장은 고개를 절레절레 흔들며 루디아에게 말했다.

"대박이 난다고? 무슨 계획이라도 있는 거로군! 좋아! 여태까지의 미수금은 접어두고 다시 물건을 보내주도록 하지! 새로 거래하는 마음으로 말이야."

루디아는 자동차에 시동을 걸으려다 키를 바닥에 떨어뜨렸다. 손이 파르르 떨렸다.

'내가 어쩌다가 그런 말을 했지. 그것도 그렇게 당당하게.'

그때 휴대폰 진동음이 울렸다. 수화기 너머로 밝은 보람의 목소리가 들렸다.

"사장님! '맛있다 최선생'에서 갈비만두를 요청했어요! 우리와 거래하겠대요! 내일부터 납품하래요! 정말 잘 되었죠!"

수년간 거래를 하려고 준비하던 업체로부터의 반가운 소식이었다. 맛있다 최선생은 종전에 거래하던 수제 갈비만두 생산처에서 물량 공급이 원활하지 않자 대량 공급처를 찾아 나섰고 한만두의 갈비만두에서는 수제와 같은 맛이 난다는 이유로 거래를 하게 되었다.

며칠 후, 표사장은 루디아에게 밝은 목소리로 말했다.

"루디아 사장! 내가 돼지고기 많이 준비 해놨어! 전국이 구제역 때문에 돈 주고도 못 살 정도로 황금 돼지 값인 거 알지? 그런데 루디아 사장이 대박난다고 하길래 내가 전국을 다니면서 좋은 고기는 다 갖고 왔지! 어때? 잘했지? 허허허!"

루디아의 속이 타들어가는 줄 모르는 표사장은 어린아이처럼 해맑게 웃었다. 고기를 납품하러 왔을 때도 자신이 얼마나 전국의 좋은 돼지고기를 다 쓸어왔는지 설명하며 무용담을 늘어놓았고 마지막에는 선생님에게 칭찬을 기다리는 어린아이처럼 루디아의 반응을 살폈다.

한 달이 지났을 때였다. 일주일에 한 번 꼴로 전화를 하던 표사장은 그날도 전화를 했다.

"내일이 고기 들어가는 날이지? 내가 이번 달에도 엄청 좋은 고기를 잔뜩 준비해놨지! 그런데 언제 대박 나는 거야?"

표사장은 천진난만한 목소리였다.

"조금만 더 기다리면…. 조금 더 있어야 해요."

루디아는 말라붙은 목소리로 겨우 말했다. 애타는 하루하루를 보내느라 잠도 오지 않았다. 큰소리쳐서 다시 받아 놓은 돼지고기들과 매출에 비해 너무 많은 직원들의 인건비를 감당하느라 수심이 깊어져 가기만 했다. 주변에서는 지금이라도 절반의 직원을 정리해고해야 한다는 우려가 그치질 않았다.

　루디아는 눈발이 흩날리는 12월 하늘 위에 마음을 스치고 지나가는 것들을 썼다, 지웠다를 반복했다.

　－드르르륵, 드르르르…

　루디아의 휴대폰 진동으로 책상 위의 화분이 흔들렸다. 루디아는 휴대폰을 집어 들어 통화 버튼을 눌렀다.

　"루디아 사장, 도대체 무슨 일이야! 왜 이렇게 회사에 전화가 안 돼?"

　"네? 무슨 말씀…."

　루디아는 휴대폰을 손에 든 채 사무실 문을 열었다. 직원들은 다들 약속이라도 한 듯이 모두 한 손에는 전화기를 손에 들고 한 손으로는 구슬 땀을 흘리며 메모를 했다. 잠시 후, 보람부장이 통화가 끝나자 루디아를 보고 무슨 이야기를 하려는 듯 자리에서 일어나자 다시 보람 부장의 책상에 있는 전화기가 요란하게 울렸다. 보람은 재빨리 다시 전화를 받았다. 영화에서 봤던 미국의 신문사 모습을 연상시켰다.

　－삐링, 삐링, 삐링

　루디아의 전화로 문자 메시지가 쏟아져 들어왔다. 전화를 부탁한다는 연락들이었다.

"사장님, 난리가 났어요. 난리가! 아침부터 주문전화가 끝도 없이 밀려 들어오고 있어요!"

"사장님, 오늘 밤샘 근무를 해야 할 것 같아요. 주문량이 평소의 두 배에요!"

"사장님, 온라인 판매 담당자에게 연락이 왔는데 지금 주문이 폭주하고 있대요. 물량을 언제까지 보내주실 수 있는지 알려달라는데요?"

그때 신중이 숨을 헐떡이며 달려왔다. 루디아는 신중에게 자초지종을 물었다.

"사장님, 알고 보니까 며칠 전 어느 인기 예능 프로그램에서 세 쌍둥이 아기들이 만두를 여덟 판이나 먹었대요! 얼마나 맛있게 먹었는지 지금 인터넷에 난리가 났다고 하더라구요!"

"네? 여덟 판이나요? 어린 아기들이요?"

루디아는 입을 다물지 못했다. 온유가 휴대폰을 손에 들고 달려와 루디아의 얼굴에 들이 밀었다.

"사장님! 이거예요! 저는 이 방송을 집에서 봤는데 어찌나 반갑던지! 우리가 거래한지 얼마 안 된 '맛있다 최선생'에 삼둥이가 만두를 먹으러 갔대요. 아빠가 세 판을 순식간에 싹 비우고 어린 아기들도 각자 한 판씩을 먹는데 얼마나 맛있어 보이던지! 우리 회사 만두인데도 저는 입에 침이 가득 고이더라구요. 그러니 처음 보는 사람들에게는 얼마나 맛있어 보였겠어요."

온유는 흥분을 감추지 못하고 환하게 웃었다.

삼둥이의 기적은 그 이후로도 계속되었다. 때마침 시작하게 된 온라인 판매는 갈비만두의 날개가 되어 주었다. 만약 그때 온라인 판매를 시작하지 않았더라면 주문량이 이렇게 물밀 듯 들어올 수 없었을 것이다.

밀린 돼지고기 대금을 모두 결재하던 날, 표사장은 흡족한 미소로 루디아에게 엄지를 들어 보이며 말했다.

"루디아 사장, 작전이 정말 좋았네! 대박이 난다더니 정말로 뭘 준비하고 있었던 게로군!"

표 사장은 루디아가 모든 것을 의도했다는 듯이 서류를 손으로 툭툭 쳤다.

"사장님, 사실은 의도한 것 아니에요."

"의도한 게 아니라니? 그럼 계획을 세운 게 아니라는 건가? 예끼! 이 사람! 그 말을 믿으라고? 아니, 뭘 준비했으니까 그때 나한테 그렇게 큰 소리친거 아닌가?"

루디아는 말을 이으려다 말고 희미한 미소를 지으며 혼잣말을 했다.

"비전이 꿈이 되고, 꿈이 약속으로 마음에 담기면 사람들이 이해하지 못할 믿음이 생기나 봐요. 차가운 강물에 발목이 잠기고, 다리가 잠기고, 허리도 잠기는데도 반드시 강물이 갈라질 것이라고 믿었던 여호수아처럼요. 물이 목에 차 있는데도 강물이 안 갈라져도 믿는 수밖에요. 오직 한 길뿐인걸요."

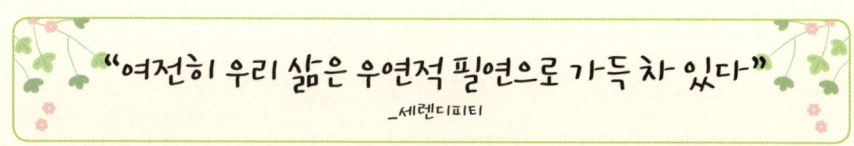

"여전히 우리 삶은 우연적 필연으로 가득 차 있다"
_세렌디피티

기적을 부르는 금식

"이리로 들어오세요."

교복을 입은 학생들은 건성으로 회사를 두리번거리며 사무실로 들어왔다. 용희는 마시멜로가 담긴 코코아를 한 잔씩 건네주며 빙긋이 웃었다. 노란 스웨터의 앙고라 털이 용희의 움직임을 따라 나풀거렸다. 용희는 학생들에게 '자기경영노트'를 나누어 주었다.

"여러분, 한만두식품에 오신 것을 환영해요. 이 노트의 이름은 '자기경영노트'에요. 이 노트는 여러분이 실습 근무 기간 동안 스스로 자신의 성장을 위해서 채워 나갈 수 있도록 만들어졌어요. 맨 앞장에는 한만두가 제일 소중하게 여기는 기업의 철학이 담겨 있고 그 다음장에는 3개월 동안 진행될 내용이 적혀 있어요. 필독서를 읽고, 감사일기를 쓰고, 일일 피드백을 하는 습관을 가질 수 있도록 말이죠."

비딱하게 앉아 있던 남학생이 손을 번쩍 들고 말했다.

"누나! 아니, 선생님! 필독서가 뭐예요? 책을 읽는 건가요? 난 세상에서 책 읽는 게 제일 싫은데…. 만화책 읽어도 돼요?"

그는 말을 마치고 혼자 키득거렸다. 용희는 손에 들고 있던 노트를 테이블 위에 가만히 내려놓았다. 키득거리며 웃던 남학생과 심드렁하게 앉아 있던 친구들은 일제히 용희를 바라보았다.

"너희들, 사는 거 재미없지?"

용희는 학생들의 얼굴을 한 명씩 쳐다보며 말했다.

"내가 너희들보다 더 어릴 때는 이런 데서 일하고 싶어도 뽑아주는 데가 없었어. 왜냐면 내가 북한에서 왔거든. 책? 나도 여기 들어오기 전에는 한 장도 읽어본 적 없어. 너희들은 열아홉 살이고, 나는 스물 아홉 살이니까 내가 인생 선배로서 한마디만 할게. 지금 살고 있는 삶이 만족스럽지 못하다면, 변하고 싶다면, 천지가 개벽하는 것처럼 인생이 새롭게 변하길 원한다면 방법은 두 가지야. 엄청나게 큰 사고를 겪거나 아니면…."

용희는 질문을 했던 남학생 옆으로 성큼성큼 다가갔다. 손으로 어깨를 지긋이 누르며 말했다.

"그게 아니면, 책을 읽어. 너희들 부모님 부자야? 강남에서는 입시 코디네이터가 천만 원씩 받고 입시 설계해 준다던데 너희들은 앞으로 무슨 실력으로, 무슨 빽으로 살아갈 건데? 이 누나가 장담할게. 책을 읽으면 아무 빽이 없어도 훌륭한 사람이 될 수 있어. 왜냐면 내가 큰 일을 겪지 않아도 큰 일을 겪었던 사람들이 어마어마한 이야기를 책으로 쏟아 내었거든. 이런 책이 바로 그런 대표적인 책이야."

용희는 준비해왔던 붉은 색 표지의 책을 학생들에게 보여주었다. 표지에는 〈죽음의 수용소에서〉라는 제목이 뚜렷하게 쓰여 있었다.

"나는 세상에 나보다 어렵고 불행한 일을 겪은 사람은 없는 줄 알았어. 솔직히 불평할 거리가 태산처럼 많았지. 그런데 이 책에는 매 순간을 죽음의 공포에 시달려야 했던 사람들의 이야기가 담겨 있어. 이 책을 지은 빅터 아저씨가 했던 한마디가 나의 생각을 바꾸는 계기가 되었어. 사람은 의미를 찾는 존재다. 앞으로 너희들이 무슨 일을 하면서 살아가든 성공을 하는 것보다 중요한 것은 성공을 할 수밖에 없는 상태로 너희들을 준비해야 한다는 사실이야. 독서는 너희의 가장 좋은 친구가 되어 줄 거야."

용희는 남학생의 눈을 뚫어지게 바라보며 말했다. 불만과 반항으로 일그러진 표정에서 동생의 예전 모습이 겹쳐 보였다. 용희가 자신을 바라보며 눈가가 촉촉해지자 남학생은 약간 당황한 기색을 보이더니 시선을 피했다. 고개를 떨군 남학생의 얼굴은 순한 양처럼 온순해졌다.

현장 실습 오리엔테이션을 마친 용희가 학생들을 현관 앞까지 전송하고 자리로 돌아오자 기다렸다는 듯이 송인턴이 용희에게 다가와 물었다.

"조대리님, 지난번에도 고3 현장 실습생을 채용했는데 이번에도 또 채용하는 거예요? 걔네들 일도 하는 둥 마는 둥 대충 하고, 하루가 멀다 하고 지각하던데요. 저는 고3은 안 받았으면 좋겠어요. 사장님은 왜 굳이 고3 실습생을 뽑는 거예요? 제 몫도 제대로 못하고 월급만 축내는 것 같아요."

송인턴은 불만스럽게 말했다. 용희는 노트북을 켜다 말고 송인턴을 향해 말했다.

"사랑은 열매를 나누는 것이라는 이야기 들어봤죠? 사랑은 나눌수록 커지고 나누기 위해 사랑하는 거고 또…."

송인턴은 용희의 말에 고개를 절레절레 흔들며 말했다.

"아휴. 저도 귀 따갑게 들어서 알고 있어요. 그래도 일을 제대로 잘 하는 것도 중요하잖아요. 우리가 실력을 갖추고 능숙하게 해내는 것도 필요한데 왜 실력이 없거나 열심히 일을 안 하는 직원들을 채용해서 회사에 손해가 나도록 하느냐는 말이죠! 우리가 회사를 지혜롭게 이끌어가지 않으면 결국 어려운 이웃을 돕고 나누는 일을 하는 데에 문제가 오게 되잖아요. 일단은 경영을 잘 하고 봐야죠!"

송인턴이 열변을 토하자 옆에서 듣고 있던 황신중 상무가 웃으며 말했다.

"이야. 송인턴! 토론대회 나가도 되겠는걸? 맞지! 우리가 사랑을 나누는 일도 지속할 수 있으려면 먼저 우리 조직이 건강하고 튼튼해야 한다는 것은 기본이니까! 그런데 사장님은 어린아이에게 책상을 선물해 주는 것이나 경제를 후원하는 것만큼이나 상대방이 자립할 수 있도록 돕는 것을 중요하게 생각하세요. 요즘 젊은 사람들이 사회 어느 분야로 진출하더라도 보람 있고 행복하게 살 수 있으려면 자기가 맡은 일에서 좋은 결과를 내고 그 일을 통하여 자신이 하고자 하는 일을 이룰 수 있어야 하는 거라고 하셨어요. 그런데 기본적으로 일을 어떻게 해야 하는지, 일을 왜 해야 하는지, 무슨 일을 해야 하는지조차 모르는 경우가 많아서 사장님은 일자리를 또 하나의 나눔이라고 생각 하신대요."

신중의 말을 들은 송인턴은 고개를 끄덕였다. 신중과 송인턴이 대화를 나누는 사이 용희는 자리로 돌아와 휴대폰을 열었다. 어제 밤부터 줄곧 기다려온 박팀장의 답장이 왔는지 확인하기 위해서였.

올해 서른 여섯이 된 박팀장은 집안의 결혼 재촉에 못 이겨 맞선을 보러 나간다고 했다. 용희의 마음을 까맣게 모르는 듯 맞선 소식을 전하는 박팀장이 야속하기만 했다. 뼈 속 깊이 둔하고 눈치가 없는 박팀장은 용희 앞에서 지난 주말에 누구에게 고백을 받았다거나 동창이 난데없이 집 앞으로 찾아왔다는 말을 아무렇지도 않게 했다. 그럴 때마다 용희는 가슴이 철렁 내려 앉는 것만 같았다. 발을 동동 구르며 그 동창 언니가 매력이 없는 사람이기만을 기도할 뿐이었다. 용희의 기도가 응답된 것인지 수많은 여성들의 사랑 고백에도 불구하고 지난 10년동안 진지한 연애관계로 발전한 만남은 없었다. 그는 오로지 일에 몰두하며 봉사활동에서 만나는 아이들을 돕는 일에만 열심을 낼 뿐이었다. 그랬던 박팀장이지만 이번 맞선은 아무래도 불안했다. 어둠이 내려앉은 깊은 밤, 용희는 박팀장에게 문자를 썼다 지웠다를 반복하다가 전송 버튼을 눌렀다. 심장이 두방망이질하며 답장을 기다렸지만 박팀장은 어찌된 일인지 오후가 되도록 답이 없었다.

휴대폰의 화면이 켜지자 용희의 얼굴에 기대감의 붉은 빛이 번졌다. 영원처럼 길게 느껴지던 기다림 끝에 새로운 문자가 왔다는 알림이 깜박이고 있었다. 박팀장이었다.

크리스마스에 받은 선물상자를 조심스럽게 열어보듯 문자를 확인하는 순간 용희는 손으로 입을 막았다. 눈물이 왈칵 쏟아졌다.

그때 온유가 사무실 문을 벌컥 열고 들어왔다. 온유는 얼굴이 하얗게 질린 채 말했다.

"큰일 났어요! 큰일 났어요! 사장님이 많이 다치셨어요! 지금 박 팀장이 응급실로 모시고 갔어요."

온유는 두손으로 얼굴을 감싸고 흐느끼기 시작했다. 두려움이 용희의 마음을 훑고 지나갔다.

수술을 마치고 회복실로 돌아온 후에도 루디아는 눈을 감고 있었다.

용희는 붕대가 감겨 있는 루디아의 손을 바라보았다. 눈물이 얼굴을 타고 흘러내렸다. 열 두 살에 엄마를 잃은 후, 이렇게 가슴이 아픈 적은 없었다.

외국인보다 더 외국인 같았던 낯선 이방인이 되어 살아왔던 용희에게 루디아는 지난 10년동안 가족이상의 의미가 있었다. 한번도 그 마음을 제대로 표현한 적은 없었지만 루디아가 파리한 얼굴로 누워있는 모습을 보니 억장이 무너지는 듯했다.

"내가 얼마나 잔거죠?"

부스스 눈을 뜬 루디아는 용희에게 물었다.

"사장님 손을 많이 다치셨어요. 봉합 수술은 잘 되었는데 원인 모를 고열과 혈압 상승으로 추가 검사를 해봐야 한대요. 좀 더 쉬셔야 돼요."

그때 의사가 차트를 들고 루디아의 병실에 들어왔다.

"환자분 갑작스러운 고열로 추가 검사를 진행했습니다. 간 수치가 너무 높게 나와 추가 검사를 해보니 간에 여러 개의 혹이 발견되었습니다. 혹시 악성 혹인지 추가 검사가 필요합니다."

루디아는 두 눈을 질끈 감았다. 의사는 조심스럽게 계속 말을 이어나갔다.

"수혈 부작용도 있어서 더 이상 수혈을 받을 수 없습니다. 그러면 봉합한 부위의 세포 재생이 어렵습니다. 그래서 안타깝지만, 봉합했던 부분을 다시 절제하는 수술을 해야 할 것 같습니다. 간 세포 정밀 조직 검사는 결과를 좀 더 기다려 보시지요."

손가락 마디가 잘려 나간 부위 수술을 하고 난 뒤, 알 수 없는 고열에 시달리던 루디아는 정밀 검사를 통해서 간에 혹이 있다는 사실이 발견되었던 것이다. 손가락 절단이라는 비보에 이어 더 큰 시련이 루디아를 기다리고 있었다. 간에 무리가 가면 안된다는 이유로 봉합부분의 치료가 불가능해지자 봉합수술에 이어 다시 절단 수술을 해야 하는 상황에 놓이게 되었다. 설상가상으로 간의 혹이 악성일 경우 문제는 걷잡을 수 없이 커지는 것이었고 생명이 위험한 상황이었다.

회사는 차가운 물을 끼얹은 것처럼 적막했다. 침통한 분위기를 깨고 직원들이 하나 둘 외쳤다.

"우리 사장님을 위해서 다 함께 금식해요."

"그래요! 금식하면 기적이 일어난다면서요! 우리 예전에도 다 함께 돌아가며 금식기도해서 모두가 불가능하다고 생각했던 공장도 짓고, 이렇게 넓은 곳으로 이사도 왔잖아요. 우리 사장님 살려 달라고 다 함께 기도합시다!"

직원들은 너 나 할 것 없이 자기도 금식을 하겠다고 나섰다. 용희는 걱정 어린 말투로 물었다.

"괜찮으시겠어요···. 하루에 세 끼를 다 드셔도 허기지시는데 몸 축나시면 어쩌시려구요···."

그러나 직원들의 눈에는 결연한 의지가 타오르고 있었다. 오히려 무기력하게 결과만을 기다리느니 무엇이라도 마음을 다해 의지할 일이 생겼다는 것에 시름을 덜어 낸 듯했다. 직원들은 그날부터 루디아를 위한 기도가 담긴 작은 카드를 릴레이로 주고받으며 아침 점심 저녁 금식을 번갈아 했다.

병원 바깥으로 난 창문을 힘없이 바라보던 루디아는 하늘의 구름이 천천히 움직이는 것을 눈으로 쫓아갔다. 마른 하늘에 날벼락 같은 일들을 하나씩 떠올리며 숨을 몰아 쉬었다.

루디아는 마치 폭풍 가운데 서있는 기분이었다. 세찬 비바람에 온몸이 떨리다 가도 어느새 깊은 바닷속처럼 고요하고 평안한 기분을 오가며 휘몰아쳤다.

"사장님…. 괜찮으세요?"

실습 근무 중인 두 명의 고3 직원들이 병실로 고개를 빼꼼 내밀었다. 병음료 상자를 침대 머리맡에 내려놓으며 슬픈 눈빛으로 루디아를 바라보았다.

"학생들이 무슨 돈이 있다고 이런 걸 사 와. 괜찮아. 일 끝났으면 집에 가야지 여기는 뭐하러 와."

루디아는 애써 밝게 웃으며 말했다. 소녀들은 눈에 눈물이 가득 고인 채 루디아의 가냘픈 팔을 살며시 잡았다.

"사장님, 지금 다같이 돌아가면서 금식하고 기도하고 있어요. 저희도 오늘 점심 금식했어요. 꼭 나으셔야 돼요. 건강해지셔야 돼요."

눈물이 그렁그렁한 소녀들의 맑은 눈동자에는 어린 시절 아버지가 사 주신 만두를 먹고 행복해하던 어린 루디아의 모습이 비쳤다. 소녀 가장이 되어서 힘들고 어려운 일들을 견뎌내야 했던 스무 살 무렵의 루디아도 보였다. 그리고 한만두 식구들과 함께 춤추고 웃었던 기억들이 차례로 파노라마처럼 지나갔다.

"고마워…. 정말."

소녀들이 돌아간 이후, 루디아는 이 고통이 혼자만의 것이 아니었음을 깨달았다. 행복도 슬픔도 함께 나눌 사람들이 있다는 것을 떠올리니 눈물이 하염없이 흘러 내렸다.

며칠이 지나자 의사는 차트를 들고 루디아의 병실로 찾아왔다.

"조직 검사 결과가 나왔습니다. 다행히 악성 세포는 발견되지 않았습니다. 관리만 잘 하시면 되는 상황이라서 혹을 제거하는 수술도 필요가 없다는 소견입니다. 다만, 무리하시면 안 됩니다. 이제 평생 동안 무리하지 마시고 항상 체력 컨디션 관리에 집중하셔야 합니다. 이제 퇴원하셔도 좋습니다."

하늘이 말갛게 개어 있는 아침, 회사로 들어가는 입구에서 루디아는 하늘을 올려다보며 긴 숨을 들이 마셨다. 사무실로 들어서려는 순간, 예배당에서 피아노 소리와 직원들의 합창 소리가 들렸다. 그들은 루디아가 예배당으로 들어오자 한 명씩 서서히 걸어 나와 루디아를 둘러쌌다. 노래가 끝나자 직원들은 루디아를 안아 주었다.

"여러분, 모두 고맙습니다."

루디아는 목이 메어 말을 잇지 못했다. 용희는 피아노에서 걸어 나와 루디아의 손을 잡고 말했다.

"저도 사장님의 손가락을 닮고 싶어요. 사장님께서 병원에 누워 계시던 날, 사장님의 손을 보며 결심했어요. 사랑을 전하는 피아노를 연주하고 이웃을 사랑하기 위해서 살겠다고요."

루디아는 용희의 손을 잡고 직원들의 얼굴을 바라보며 미소를 지었다. 기쁨으로 가득한 표정으로 힘차게 말했다.

"사랑의 기적은 이제 시작입니다!"

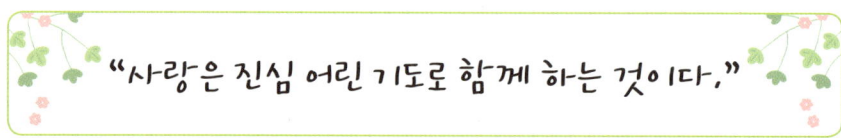
"사랑은 진심 어린 기도로 함께 하는 것이다."

3월의 봄과 같은 당신

 오후 세시가 되자 햇살은 하루 중 가장 빛나는 자태를 대지에 드리웠다. 송인턴은 팔을 길게 뻗으며 기지개를 켰다. 고무줄로 질끈 묶은 긴 생머리가 찰랑거렸다. 사무실을 두리번거리던 송인턴은 노트북 화면 속으로 빨려 들어갈 듯이 들여다보며 자판을 두드리는 용희의 팔을 잡아 당기며 말했다.
 "조대리님, 너무 졸려워요. 우리 쉬었다가 해요."
 "좋아. 차 한잔 하자."
 두 사람은 회사 안에 있는 아늑한 카페로 자리를 옮겼다.
 "우리 이제 편의점에도 납품하는 거에요? 그 쪽에서 먼저 연락이 왔다면서요? 내일 오디트(audit : 품질수준검사)준비는 다 끝나셨어요?"

송인턴은 용희에게 팔짱을 끼며 살갑게 물었다. 용희는 어깨를 한번 으쓱 해 보이더니 송인턴을 향해 턱을 치켜세우며 고개를 힘껏 끄덕였다.

"한 두 번 해보는 것도 아니고 이젠 왼손 새끼 손가락으로도 준비할 수 있단다."

용희가 이토록 자신만만한 것도 무리는 아니었다. 그동안 한만두는 신규 거래처와 계약을 맺을 때마다 오디트를 받을 때면 품질관리와 위생관리 측면에서 모범적이라는 찬사를 받았다. 해썹의 심사단들도 칭찬 일색이었다. 게다가 용희는 오디트를 할 때마다 서류준비부터 현장준비까지 능숙하게 도맡아왔기 때문에 대수롭지 않게 생각했다. 송인턴은 머그에 허브 차 스틱을 넣은 뒤 뜨거운 물을 가득 부어서 용희에게 내밀었다.

"조대리님은 페퍼민트 차를 좋아하시죠?"

"차 취향까지 기억해주고. 정말 고마워. 송인턴은 어딜가나 사랑받을거야."

송인턴은 애교스럽게 웃으며 자리에 앉았다.

"조대리님 일하실 때 얼마나 재밌는 줄 알아요? 화면에 들어갈 것 같아요. 숨도 안 쉬고 집중하는 것 같아요. 뭘 그렇게 열심히 하시는 거에요?"

용희는 머쓱하게 웃으며 말했다.

"작년에 우리가 조달청 8억짜리 입찰을 두개나 땄거든. 그것도 1등으로 말이야. 그런데 아쉽게도 점수가 2점이 모자라서 납품을 못했어. 너무 아깝잖아. 겨우 2점 때문에 1등으로 입찰했는데 큰 기회를 놓치고 말았지. 그런데 그 2점이 올리기가 무척 어렵더라고."

용희는 페퍼민트 차를 한 모금 마신 후 카페를 둘러 보다가 무엇인가 발견한 듯 자리에서 일어나 벽에 걸린 액자 앞에서 멈췄다. 액자는 대통령의 인장이 찍힌 모범 여성 기업인상이었다.

"처음 사장님과 인재미팅을 했을 때 방안을 가득 채웠던 상장을 넋을 놓고 봤던 게 기억난다. 나는 한번도 상을 받아본 적이 없어서 묘한 기분이 들었어. 그때부터 회사가 상을 하나씩 받을 때마다 나도 덩달아 기뻤지. 마치 내가 상을 받는 것 같아서 말이야. 더 이웃을 돕고 좋은 일을 많이 하고 싶어졌어. 사람 마음이 참 이상해. 내 눈이 사치스럽게 사는 사람을 보고 있을 때는 그렇게 불행하게 느껴지더니 도움이 필요한 사람들을 바라보고 있을 때는 부자가 된 것 같거든. 내가 누군가에게 무엇인가 나눠줄 게 있다는 것이 바로 부자라는 증거 아니겠어?"

송인턴을 바라보며 용희가 빙그레 웃었다.

"조대리님 그렇게 말씀하실 때는 꼭 사장님 같아요. 서로 닮아가나봐요. 저는 처음 출근한 날, 사장님이 시상식에 상을 받으러 가신다고 하셔서 멋모르고 따라 가려고 꽃다발을 샀죠. 그런데 사장님이 따라오지 말라고 하시면서 '나중에 대통령 상을 받게 되면 그때 따라와.'라고 하셨거든요. 그러더니 진짜 대통령 상을 받으셨어요."

"저, 실례합니다."

검은 색 마스크를 쓴 남자가 두 사람을 향해 말을 걸었다. 용희가 남자에게 다가갔다.

"저는 '자동눈물 고추가루'의 영업사원인데요. 저희 제품 한번 맛 좀 보시라고 샘플을 드리려고 해요. 맛 보시고 괜찮으시면 거래 부탁드리려고요."

"아, 네. 1층에 생산실이 있으니 샘플 가지고 오셨다고 말씀하시고 전해주세요."

"네! 감사합니다! 명함은 여기 있습니다. 꼭 연락 좀 부탁드립니다."

검은 마스크의 남자는 연신 허리를 굽혀 인사를 하며 1층으로 내려갔다.

다음 날 아침, 국내 최대 규모의 가맹점을 가지고 있는 WE 편의점의 본사 위생 검사 심사위원들이 생산실로 들어섰다. 사전에 준비된 자료를 하나씩 꼼꼼히 살피던 심사위원 중 한 명은 은색 안경테를 위로 들어 올리며 옆에 서있던 신중과 용희에게 물었다.

"왜 재료 투입량과 만두 산출물의 중량이 맞지 않죠?"

신중은 차분하게 말했다.

"재료를 손질하는 과정에서 잘라낸 부분은 폐기하고 만두를 최종적으로 완성한 후에도 모양이 예쁘게 나오지 않은 것도 폐기하고 있습니다."

심사위원은 신중의 설명이 못마땅한 듯 미간을 지푸렸다. 그러더니 무언가 발견한 듯이 구석에 놓여있던 고추가루 봉지를 집어 올렸다.

"이게 뭡니까? 유통기한이 지난 고추가루를 쓰다니!"

신중은 그럴리가 없다며 고추가루 봉지를 받아 들었다.

"이건 우리가 쓰는 고추가루가 아닌데…."

'자동 눈물 고추가루'를 들고 난색을 표하는 신중을 거들며 용희가 대신 나섰다.

"네, 맞아요. 이건 저희가 쓰는 제품이 아니에요. 자신의 회사 제품을 써달라며 각종 재료를 회사에 놔두고 가는 일이 자주 있는데 이건 어제 받은 제품이에요. 저희는 샘플을 제품 재료로 쓰지 않아요."

용희의 부연설명에 심사위원은 더욱 심기가 불편한 어조로 말했다.

"잘한다고 소문만 자자했지 막상 와서 보니 엉망이군요! 사용하지도 않는 식재료가 생산실안에 있다는 것 자체가 문제입니다. 이런 위생 기준을 가진 회사와는 거래할 수 없습니다. 우리는 편의점에서 대부분 바로 먹을 수 있는 '즉석 식품'을 다룹니다. 조금만 잘못하면 배탈이 날 수 있으니 엄격하게 할 수밖에 없어요. 여태껏 잘하고 있다고 생각 하셨을지 모르겠지만 '냉동 식품'과 '즉석 식품'은 그 기준부터 전혀 다를 수밖에 없어요."

"하지만 저희 만두가 편의점에 즉석식품으로 들어가는 것은 아니잖아요. 어차피 조리해서 먹는 '냉동식품'이라는 점은 똑같은데…. 저희는 절대로 유통기한이 지난 재료를 쓰지 않아요."

용희가 억울한 듯이 나서자 신중이 용희를 만류했다.

"네, 선생님. 저희가 더 엄격한 기준으로 관리하도록 하겠습니다. 한 번만 더 기회를 주십시오."

심사위원들은 신중의 정중한 요청에 아무런 대꾸도 하지 않은 채 자리를 떠났다. 이 일은 곧장 한만두의 가장 중요한 집중 프로젝트가 되었다.

루디아는 설비 공정을 다시 한번 꼼꼼히 살피며 일을 하는 프로세스부터 살폈다. 이번 WE 편의점의 지적사항 뿐 아니라 다른 것들도 원점으로 돌아가 생각해보았다. 준비가 되었으니 다시 오디트를 해달라는 요청을 보내도 WE 편의점은 묵묵부답이었다. 오히려 업계에 한만두의 부정적인 평가를 퍼뜨려서 루디아의 마음은 천근같이 무거워졌다.

'어떻게 해야 할까….'

직원들은 모두 같은 마음이었다. 릴레이로 금식을 하며 잘못한 것이 있다면 다시는 그러지 않겠다는 반성과 함께 이 어려움을 이겨낼 수 있도록 힘을 달라는 기도가 회사를 가득 채웠다.

루디아는 직원들이 다같이 모인 월요일 아침, 바짝 마른 입술로 입을 열었다.

"여러분, 다들 봄 좋아하죠?"

한층 여원 얼굴로 직원들은 저마다 루디아의 말에 고개를 끄덕였다. 루디아는 직원들의 손을 가만히 바라보았다. 마디가 굵고 거친 그들의 손은 열심으로 살아낸 인생의 훈장이었고, 사랑이었다.

"보통은 3, 4, 5월을 봄이라고 하잖아요. 5월은 계절의 여왕이라는 말이 있을 정도죠. 그런데 저는 여러분이 3월의 봄같아요. 억수로 추운 겨울이 끝나갈 무렵, 3월에 따뜻한 바람이 조금씩 살랑이면, '아! 겨울이 도저히 끝날 것 같지 않더니 정말 겨울도 끝이 있구나.'하고 깨닫게 해주는 게 바로 3월의 봄이에요. 겨울에 한껏 얼어 있던 세상을 가장 먼저 달려 나와 안아주는 봄. 그 고마운 3월의 봄이 바로 여러분의 얼굴 같아요."

용희는 루디아의 말에 자리에서 일어나 말을 하려다 말고 뒤를 돌아보았다. 박팀장이 숨을 헐떡이며 들어와 급히 말을 하는 통에 모든 시선은 박팀장에게 쏠렸다.

"연락 왔어요! WE 편의점에서요!"

그동안 다시 오디트를 해달라는 요청에 답이 없던 WE 편의점은 최근 한만두가 신제품으로 출시하여 인기를 끌었던 닭가슴살 만두의 반응을 보고 기적처럼 연락을 해온 것이다. 이른 아침 걸려온 전화에 한만두는 들뜬 분위기로 술렁거렸다.

몇일 뒤, 심사위원들은 지난번과 마찬가지로 근엄한 표정으로 샅샅이 자료를 검토하고 설비를 점검했다. 그러더니 마침내 고개를 끄덕이며 말했다.

"이번 주부터 바로 납품해주세요. 거래합시다!"

용희는 감격의 눈물을 흘리며 루디아를 두 팔로 껴안았다.

"고생했어. 조대리. 마음고생 많았지?"

"사장님! 조대리님이 지난번에 서류 작성해서 신청했던 KS마크 심사가 통과되었대요! 이제 우리 만두는 KS마크가 들어간 만두에요!"

송인턴이 루디아에게 달려와 소리쳤다.

루디아는 직원들과 함께 얼싸안고 눈물을 흘렸다. 용희는 눈물로 범벅된 얼굴로 루디아에게 말했다.

"사장님도 저에게 3월의 봄이에요. 제일 추웠을 때 받은 위로였어요."

루디아는 용희의 얼굴을 닦아주며 환하게 웃었다.

한달이 흘렀다.

박팀장은 노트북을 뚫어지게 보고 있는 용희를 밖으로 불러 내었다.

"박팀장님, 무슨 일이세요? 사무실에서 말씀하시지…."

"사무실에서 할 수 있는 얘기가 아니야."

박팀장은 말을 하려다 말고 숨을 크게 들이 마셨다. 평소답지 않은 모습에 용희는 슬슬 걱정이 되기 시작했다.

"뭔데 그러세요. 안 좋은 일이에요?"

바람이 흔들고 지나가자 햇살이 나뭇가지 사이로 비춰왔다. 용희는 갑작스러운 햇빛에 손으로 얼굴을 가렸다. 박팀장은 두손으로 용희의 이마에 그늘을 만들어 주었다.

소란스럽게 나뭇가지를 흔들던 바람을 타고 벚꽃비가 흩날렸다. 향긋한 봄이 두 사람을 감싸 돌았다.

"조용희, 나랑 결혼해줄래?"

PRACTICE 03

사랑은 열매를 나누는 것입니다.

세상의 어떤 물건도 사랑보다 큰 것은 없습니다. 사랑은 자신이 가진 최선의 것을 주고도 오히려 부족하다고 말하는 것입니다. 인도에 가면 타지마할 묘당이 있습니다. 세계적인 관광지가 되어 있습니다. 이 묘는 샤 자한왕이 죽은 아내를 추모하여 지은 것인데 실제 왕비의 시신은 묘당의 한쪽 귀퉁이 지하에 안치되어 있습니다. 정작 왕비는 그 거대한 묘당을 실제로 보지도 못하고, 작은 석실묘에 안치되어 있습니다. 사랑은 자신이 표현할 수 있는 최대치의 표현입니다. 어린 아이가 할머니를 사랑하여 내민 자신의 마지막 사탕 하나와 샤자한이 아내를 사랑하여 지은 타지마할 중에 어느 사랑이 크다고 말할 수 있겠습니까? 사랑은 자신이 가진 최고의 것을 내어 주는 것입니다.

현대 사회에서 함께 일하는 사람들과 나눌 수 있는 최고의 사랑은 자신이 가진 지식과 지혜를 함께 하는 동료들과 나누는 것입니다. 주변 사람과 비교하는 사람들은 사랑할 수가 없습니다. 걱정 근심이 많은 사람도 주변 사람을 사랑하기 어렵습니다. 하지만 자신의 지식과 지혜를 나누며 일하는 사람은 주변 사람들을 사랑하는 사람입니다. 게다가 지식과 지혜를 나누는 사람은 그 과정을 통해서 자신의 지혜가 견고하여 지고 더욱 새로운 지식을 발견해 가기도 합니다. 한동대학교의 슬로건이 '배워서 남주자!'인데 그런 점에서 이 슬로건은 통찰력이 느껴집니다.

사랑은 또한 자신의 연약함을 나누는 것입니다. 주변 사람과 지식을 나누지 못하는 사람을 보면 종종 자신의 부족한 실력이 드러날까봐 두려워서 그러는 경우가 있습니다. 사랑을 기반으로 일하는 사람은 자신의 지식을 나누면서 자신의 부족함도 함께 나눕니다. 어쩌면 '내 실력은 여기까지인데 함께 도와 더 잘 해보자'라고 말 하는 것과 같습니다. 이런 사람이 주변 사람의 도움과 협력을 얻어내고 보다 먼 길을 달려갈 수 있습니다.

주변에 즐겁게 일하면서 동시에 주변 사람들과 사랑의 관계를 나누는 사람들의 특징을 보면 하나같이 자신의 연약함을 기꺼이 인정하고 도움을 요청하며, 그와 동시에 자신이 가진 지식을 주변에 나누는 사람일 것입니다. 우리는 그런 사람을 칭송하고 또한 그와 친구가 되고 싶어 합니다.

지금 내가 나눌 수 있는 작은 지식은 무엇이 있습니까? 청소를 빨리 하는 법입니까? 시간을 관리하는 법입니까? 어쩌면 판매를 잘 하는 방법입니까? 아니면 사람들과 소통하는 방법입니까? 무엇이라도 좋습니다. 주변 사람과 나눌 수 있는 나의 지식을 생각해보고 실제로 주변 사람과 나누어 보십시오. 이 나눔은 단순한 지식의 나눔을 넘어서 서로가 서로를 사랑하고 그의 진정한 발전을 위해서 지지한다는 확신을 갖게 해 줄 것입니다. 사랑은 자신이 성장해 가는 과정의 열매를 나누는 것입니다.

- **내가 나누고 싶은 지식**

순서	제목	나누어 주고 싶은 지식과 노하우

저자 후기_ 남미경

나에게는 유난히 어려움이 많았다. 그래서 꿈을 더 많이 꾸고 동화가 나에게 현실이 되었으면 하는 바람을 품곤 했던 것 같다. 그 중에서도 특히 '키다리 아저씨'가 나에게는 언제쯤이면 오려나 하고 기다렸다. 또, 캔디처럼 '외로워도 슬퍼도 나는 안 울어!'를 속으로 수없이 외쳤다. '항상 웃으면서 살아야 돼.'라고 생각하면서…. 가난했던 어린 시절, 수업료를 내지 못했다는 이유로 수업 시간 도중에 집으로 돌아와야 할 때는 '이 다음에 커서 선생님이 되면 어려운 아이들을 도와 주어야지.'하고 결심하면서 용기를 잃지 않으려고 했다.

그러나 아버지께서 약수터에 가셨다가 불운의 교통사고를 당하셨고, 뇌를 다치셨다. 졸지에 소녀가장이 된 나는 고등학교 2학년 남동생의 학비를 벌어야만 했다. 책 세일즈, 화장품 판매, 나중에는 보험회사도 다녔다. 이런 일들이 너무 싫어서 교회를 열심히 다녔다. 하나님을 잘 믿으면 복을 받을 것 같아서였다. 그러면 이 가난도 끝나는 날이 오지 않을까? 하는 생각으로 새벽기도, 철야예배, 매일 교회에 출석 도장을 찍었다. 그러던 어느 날, 살아 계신 하나님을 만난 이후로 나는 새로운 꿈을 꾸게 되었다.

　사랑이 부족해 어려운 사람에게 사랑을 주고, 나처럼 어려운 환경으로 공부하지 못하는 친구들을 도울 수 있는 비즈니스를 하는 것. 문득 뒤돌아보니 나는 사람들에게 마음껏 사랑을 전할 수 있는 진짜 부자가 되어 있었다. 단순한 물질 후원을 넘어서 일자리로 소외된 이웃을 끌어안을 수 있는 기업의 청지기가 되어 있었다. 뿐만 아니라 사랑을 전하기를 열망하는 멋진 사람들과 함께 그 일들을 해 나갈 수 있게 되었다.

　나는 크리스천들에게 하고 싶은 당부가 있다. 영성과 지성을 함께 갖추어야 한다는 것. 교회에 열심히 출석하는 것만이 하나님을 기쁘시게 하는 것이 아니라 내가 속한 일터에서 사람들에게 빛을 비추고 짠맛을 내는 소금이 되어야 한다는 것이다. 내가 오늘 쓰는 보고서 한 장이 어둠가운데 빠진 이웃의 힘없는 손목을 잡아주는 마지막 보루가 된다면 그것이 참된 예배가 아니겠는가! 삶의 막막함으로 한숨짓고 있는 골방의 젊은 엄마도 웃을 수 있으려면 나는 무엇을 해야 하는지 생각해 본다. 이토록 사랑을 만들고 나누는 기업이 온 세상에 가득한 그날을 꿈

꾼다. 이 책에 등장하지는 못했지만 사랑을 나누는 행복한 한만두를 세우기 위해 헌신해 주신 분들, 문을 닫아야 하는 절박한 상황에서 가인지경영을 통해 20배 성장할 수 있도록 도와주신 로빈 코치님, 저희 한만두가 신기하게 맛있다고 찾아 오셨다가 보증까지 서주시고 직원들 월급이 없어서 쩔쩔맬 때 불쑥 찾아와 도와주신 저의 평생 은인 설종희 회장님, 계약금도 안 받으시고 건물을 지어 주신 신예건설 박재완 사장님, 15년동안 한만두를 위해 헌신하시고 공장 지을 때 본인 아파트 담보 대출받아 '회사에 빌려 주는 것이 아니다.' 라면서 헌금해주신 황규석 상무님, 초창기 가인지 정착을 위해 기숙사에서 함께 생활해 가면서 도와주신 이윤경 실장님, 십자가 경영을 먼저 실천하셔서 길잡이가 되어 주신 한국 교세라의 전희인 대표님, 어려운 상황이 있을때마다 기도로 도와주신 상계 평강교회 방영자 전도사님, 경영 멘토로 가르쳐 주신 이랜드 서비스의 이인석 대표님, 이랜드의 전준수 상무님, 그리고 주민영 실장님, 강경현 팀장님, 김승현 실장님, 김준 센터장님께 고마움을 전한다.

지금은 함께하지 못하지만 감동의 순간마다 함께 웃고, 함께 울던 모든 한만두 식구들과 오늘도 대한민국 모든 국민에게 1년에 1회 이상 감동을 주기 위해 정성을 다하는 한만두 임직원 모든 분들에게 감사하며….

"사랑합니다!"

저자 후기_ 이정란

남미경 대표님을 처음 만났던 10여년전이 지금도 생생하다. 교육 기업에 신입사원으로 첫 출장 교육이었던 '경영자 학교'에서 불꽃처럼 강렬한 인상을 남겼던 그녀는 진실한 사랑경영으로 대한민국에서 존경받는 여성 리더가 되었다. 내가 가장 힘든 일을 만났던 시절, 남대표님은 도움의 손길을 보내셨고 내 인생 가장 기쁜 날에도 언제나 그렇듯 환한 미소로 축복해 주셨다. 이 책에 한만두의 사랑경영 스토리가 모두 담긴 것은 아니지만 알알이 채워져 있는 이야기들을 글 속에서 만날 때마다 나도 같이 웃고, 같이 울었다. 점점 더 냉소로 번져가는 대한민국 사회에 해마다 갈등으로 인한 소송과 분쟁 비용이 이슈가 되는 지금, 마치 별나라 이야기처럼 들릴 수도 있는 협력과 헌신의 이야기들이 놀랍고 소중할 따름이다. 같은 회사에 소속된 사람들끼리의 협력은 말할 것도 없고 철저한 거래 관계 속에 있는 분들의 작은 배려와 큰 신뢰가 모아져 오늘의 '사랑경영'을 일구어 낸 것을 목격하게 되었다. 비즈니스는 단순히 돈을 버는 수단이 아니다. 사람은 절대로 어떤 목적을 위한 도구가 될 수 없다. 사람은 그 자체가 목적이 되어야 한다. 경쟁의 희생양이 되어도 좋은 사람은 이 땅에 없다.

'소녀 남미경'이 품었던 고운 꿈이 현실이 되었다.

어려운 청소년들을 돕고, 청소년을 기르는 부모를 돕고, 우리 사회에서 껴안아야 할 또 하나의 이웃인 탈북민을 기꺼이 받아들여 준 이야기가 또다시 우리 아이들의 꿈이 되길 바라는 마음으로 이 책을 함께 쓰게 되었다. 나의 사랑하는 제자 김윤진, 김예원, 신제원, 이시우, 이채우, 변명서, 변명현, 이예지, 김다은, 권준서, 이서현, 이성주, 한현하, 권은혜, 옥경진, 조애, 이호령, 조준수, 고준서, 이성지, 전다미와 사랑하는 딸 안희수가 '소유'보다는 '나눔'의 꿈을 꾸고, '경쟁'보다는 '헌신'의 미덕을 깨닫는 계기가 되길, 글을 쓰는 내내 간절히 바랬다. 또한 글에 등장하는 '우리 어머니들'을 떠올릴 때마다 생동감을 더할 수 있도록 도와주신 엄마 홍순년 권사님께 감사를 전한다. 의미있는 일을 할 수 있도록 배려와 지지를 아끼지 않고 항상 글을 먼저 읽어준 남편이 제일 고맙다.

민들레 홀씨가 가냘프게 보이지만 들판을 채우듯이 온 세상에 이 말로 가득차면 좋겠다.

"사랑합니다!"

한만두의 사랑경영 History

교육 훈련 / 경영성과

- 경력단절여성, 북한이탈주민, 장년층 등 취약계층을 위한 일자리 창출의 일환으로 직원의 복지향상을 위해 다양한 문화행사를 실시하여 많은 사회공헌 활동에 힘쓰며 고용창출 및 안정에 기여하고 있음
- 경영혁신을 위한 비용, 품질, 서비스 개선등과 같은 핵심적 부분에서 극적인 성과를 이루기 위해 기업 업무 프로세스를 근본적으로 재설계하는 경영혁신을 추구함
- 근로환경 및 노사관계안정화를 위한 유망 중소기업인증, 일하기 좋은 기업에 선정
- 한만두 문화캘린더(매달 문화행사실시)
- 매월1회 수요일 가정의날 조기퇴근(14시퇴근)
- 매분기 특별상여금 지급을 통해 직원들의 사기충전
- 여성인력의 동등함 경영 참여를 위한 노사협의 위원 및 고충처리위원 선임시 동등한 기회 부여
- 15년 6월~8월 장시간 근로개선을 위해 노사발전재단과 함께 컨설팅
- 신입 사원 교육: 필수교육, 비전교육, 회사가치교육 진행
- 신입 사원 적응 프로그램: 선임자와 멘토링 진행
- 리더 교육: 리더십 문제 해결 능력 work smart를 통해 팀장과 리더의 역할을 수행할 수 있도록 교육
- 복리 후생: 점심제공, 퇴직금, 통근버스 운용, 팀별 인센티브, 팀별 우수자 해외 포상, 안마기, 겨울 2박 3일 스키캠프, 가족 초청 문화의 밤 등

사회공헌실천

- 매달 봉사활동(베들레헴, 나사로 청소년의집, 주바라기, 유일사랑의집, 이삭의집, 동두천 아동복지센터 외)
- 소외계층을 위한 예산 편성 : 월 5백 만원 이상
- 관내 청소년들이 준비된 사회인으로 성장·발전할 수 있는 청소년 자립지원 프로그램 시행
- 나사로 청소년의 집 지원(13년부터 현재 40여명 지원)

기술개발

- 환경경영 및 에너지절약: 신재생에너지 태양열 도입
- 기술개발 전담조직인 연구개발팀을 구성하여 식품(s/w)전공자와 기계(H/W)전공자가 적절히 구성된 연구개발 인력으로 유비쿼터스한 개발능력 과 개발된 기술을 현장화 시키는 스케일 업 능력을 갖추어 안정된 품질을 구현하는 품질관리 시스템 정착
- x-ray 검출기 도입으로 빠르고 정확한 이물질 선별(이물 발생율 대폭 하락시킴)
- 재반설비의 동결능력 최대치 발휘(최대1,900kg~2,000kg 가능, 타사대비 27% 높음)
- 성형기 오버홀을 통한 생산성 증대(시간당 타수 230타. 타사대비 30~40% 높음)

특허/인증

- 특허 제10-1206889호 - 검정보리 만두소 및 이의 제조방법
- 등록 제30-0756421호 - 포장용라벨 디자인등록
- 등록 제41-0304415호 - 서비스표 등록
- 등록 제40-1060565호 - 한만두 상표등록
- 보안관리인증 - RDSM10-013
- ISO 14001:2004
- ISO 9001:2008
- 위해요소중점관리기준(HACCP)인증
- 유망중소기업인증
- 기업부설연구소 인정
- 기술혁신형 중소기업(Inno-Biz)인증(제180605-00098호)

주요 수상경력

2012.03	성실 납세상 수상
2014.10	의정부시장 표창
2015.03	중고기업진흥공단 표창
2015.07	양주시의회장 표창
2015.05	여성기업인 유공표창(경기도지사)
2015.12	고용노동부장관 표창
2016.06	중소기업중앙회 표창
2016.10	중소기업청장 표창
2016.12	중부지방고용노동청장 표창
2017.06	경기도 일자리우수기업 인증
2017.09	한국여성경제인협회 회원
2017.10	경기도여성고용우수기업 선정(경기도지사)
2017.11	국회의원 정성호 표창
2018.03	산업통상자원부장관 표창
2018.03	청소년 복지공헌대상, (사)정을 심는 복지회
2018.03	산업통상자원부장관 표창
2018.11	모범여성기업인상 대통령표창

100도씨에서 맛있게 쪄낸 사랑경영 레시피
사랑합니다

초판 1쇄 2019년 6월 14일

지은이 남미경 이정란
발행인 김규남
펴낸곳 가인지북스
일러스트 최승연
디자인 김은정
표지 일러스트 안주영
마케팅 김도희 전영은 이명철
교정 안지홍 가은혜

출판등록 제2018-000291호
주소 서울 특별시 마포구 토정로 12-3 가인지빌딩 1층
전화 02-337-0691
전자우편 editor@gainge.com
ISBN 979-11-965287-3-7 03320

이 책의 저작권은 가인지북스에 있습니다. 이 책 내용의 전부 또는 일부를 재사용하려면 반드시 서면 동의를 받아야 합니다.

*파본이나 잘못된 책은 구입하신 곳에서 교환해 드립니다.

값 13,800원